中华爱国
人物故事
ZHONGHUA AIGUO RENWU GUSHI

鉴湖女侠秋瑾

程　遥　李俊焘　编著

吉林人民出版社

图书在版编目(CIP)数据

鉴湖女侠秋瑾 / 程遥, 李俊焘编著. -- 长春 : 吉
林人民出版社, 2011.5
(中华爱国人物故事)
ISBN 978-7-206-07852-1

Ⅰ.①鉴… Ⅱ.①程… ②李… Ⅲ.①秋瑾(1875～
1907) – 生平事迹 Ⅳ.①K827=52

中国版本图书馆 CIP 数据核字(2011)第 075754 号

鉴湖女侠秋瑾

JIANHU NUXIA QIUJIN

编　著:程　遥　李俊焘

责任编辑:王　斌　　　　　　封面设计:七　洱

吉林人民出版社出版 发行(长春市人民大街7548号　邮政编码:130022)

印　　刷:鸿鹄(唐山)印务有限公司

开　　本:670mm×950mm　　　1/16

印　　张:8　　　　　　　字　　数:70千字

标准书号:ISBN 978-7-206-07852-1

版　　次:2011年5月第1版　　印　　次:2023年6月第4次印刷

定　　价:35.00元

如发现印装质量问题,影响阅读,请与出版社联系调换。

总　序

胡维革

　　《中华爱国人物故事》是一套故事丛书。它汇集了我国历史上80位古圣先贤、民族英雄、志士仁人、革命领袖、先进模范人物的生动感人史迹，表现了作为中华民族优秀传统的伟大的爱国主义精神。

　　爱国主义是人们对于"生于斯、长于斯、衣食于斯"的祖国的一种神圣感情，是人们对于自己民族的一种强烈的责任感和使命感，是感召和激励整个中华民族的一面永不褪色的旗帜。在漫长的历史上，爱国主义一直激励着中华儿女为祖国的独立、统一、进步和繁荣而英勇奋斗。从伟大的思想家教育家孔子到统一全国的千古一帝秦始皇，从秉笔直书著《史记》的司马

迁到鞠躬尽瘁死而后已的诸葛亮,从伟大的浪漫主义诗人李白到精忠报国的民族英雄岳飞,从七下西洋传播友谊的郑和到抗击倭寇的民族英雄戚继光,从苟利国家生死以的林则徐到为变法流血的第一人谭嗣同,从威震敌胆的抗联将军杨靖宇到人民音乐家聂耳与冼星海,从踏遍青山人未老的李四光到万婴之母林巧稚,从县委书记的好榜样焦裕禄到情系雪域献身高原的孔繁森……都表现出了强烈的爱国主义精神。正是由于热爱祖国的人们前仆后继地奋斗,国家和民族才得以生存,历经一次次历史危急关头而能转危为安,走向兴盛和富强,从而屹立于世界民族之林。爱国主义是鼓舞中华儿女历经忧患、跨越沧桑、百折不挠、自强不息的伟大力量,它贯穿于中华民族的整个历史,并有力地凝聚着五洲四海的中国人。

　　爱国主义是一个历史的范畴,在社会发展的不同阶段、不同时期有着不同的具体内容。革命时期,需要我们为祖国的独立自主出生入死;建设时期,需要我们为祖国的繁荣富强增砖添瓦;在全国各族人民团结一心建设富强、民主、文明、和谐的社会主义现代化国家的今天,我们要争做一名新时期的爱国者。新时期的爱国者要有强烈的民族自尊心和自豪感。民族自尊心和自豪感是任何时期任何爱国者都必须具备的情感。民族自尊心能增强我们自立向上的恒心,民族自豪感能树立我们建设祖国的信心。要树立"祖国高于一切"的崇高信念,为了祖国和人民的利益不惜抛却个人的利益,甚至不惜牺牲个人的生命。要树立终身学习的理念,拓

宽自己的知识面,广泛吸收新知识新技术,完善自身的知识结构,更新学习知识的方法与理念,从思想上、知识上充分武装自己,为祖国的繁荣昌盛贡献力量。

爱国主义思想的继承和发扬,是关系到民族盛衰、国家兴亡的根本问题。一代代人爱国主义思想情操的形成,需要不断地培养。培养爱国主义的一个重要途径是向爱国主义的英雄人物和典范事迹学习。这套丛书的出版,对于人们向英雄和先进人物学习,特别是对于在中小学生中进行爱国主义教育,将可提供一些生动的教材。祝愿此书出版发行成功,为培养"四有"新人做出贡献。

于 2011 年 4 月 23 日

世界读书日

中华爱国人物故事

编 委 会

目录
CONTENTS

目录。
CONTENTS

稽山鉴水育英才

清朝光绪元年十月十一日，也就是公元1875年11月
8日，福建省闽县的秋氏家里诞生了一个女孩。这孩子眉
清目秀，活泼可爱，父亲视其为家中美玉，于是就给她
取乳名为玉姑，大名闺瑾。长大后，她把表示束缚女子
之意的"闺"字去掉，单留一个"瑾"字，并自号"竞
雄""鉴湖女侠"。这就是我国近代史上赫赫有名的女革
命家——秋瑾。

秋瑾的故乡本是浙江绍兴。因祖父秋嘉禾在厦门、
漳州一带当清朝知县一类的地方官。秋瑾的父亲秋寿南
和母亲单氏随侍老人，全家迁到福建，秋瑾就出生在这
里，并在这里度过了童年。

秋瑾的童年正是国家处于水深火热的时期。当时，
正是鸦片战争后，中国逐步沦为半殖民地半封建国家的
时代，中国人民受到外国资本主义侵略者的压迫和剥削

步步加深；同时，怀有各种目的的外国传教士及各种侵略分子，越来越多地渗入到中国各地。他们以胜利者的姿态、高等人的身份，到处横行霸道，为非作歹，给广大中国人民带来种种祸乱和灾难，激起广大中国人民的强烈愤恨和反抗。因而各地经常发生中国人同外国传教士的纠纷、冲突，这就是所谓的"教案"。秋嘉禾为人耿介不阿，廉洁自好，颇有威望。作为地方官，他在秉公处理那些"教案"中，经常蒙受外国侵略分子的凌辱。秋嘉禾在外受了洋人的气，回到家中难免长吁短叹。一天晚上，秋嘉禾从衙门回到家中，坐在书房里闷闷不乐。秋瑾见状，不敢直接问祖父，就跑到母亲跟前问道："妈妈，为什么今天爷爷又不高兴了？"母亲长叹了一声，然后回答说："还不是因为洋人教案的事！"关于洋人欺侮中国人的事，秋瑾也听说过一些，今天看见爷爷又为这事生气，她更加气愤地说："红毛人这么厉害。这样下去，中国人要成为他们的奴隶了！"仇恨的种子在她幼小的

秋瑾像

心灵中发芽了，她立志要使自己成为一个文武双全的人物，一定把"红毛人"赶出中国！

秋瑾有兄妹四人。秋家是书香门第，孩子们从小就受到了很好的文化教育。祖父很喜欢孙儿孙女，专门请一位老师教他们读书。兄妹中，秋瑾天资最高，记忆力很强，过目成诵，很受祖父和父亲钟爱。老师教她读了"四书""五经"等书以后，父亲还亲自教她读唐诗、宋词，并教她写诗填词。她经常捧读杜甫、辛弃疾、文天祥等人的诗、词作品，吟诵不已，

清兵搜查的时候，秋瑾就是在自家后院的这口井里焚烧文件的。

杜甫"穷年忧黎元，叹息肠内热"的爱国忧民思想；辛弃疾满腔悲愤、坚持抗金的精神；文天祥"人生自古谁无死，留取丹心照汗青"的壮志，都深深地感染着秋瑾。她把岳飞、文天祥、郑成功等民族英雄、爱国志士誉为"男仙"，当作自己学习的榜样。她热烈向往当一个女中豪杰，轰轰烈烈地干一番为国为民的大事业。当她读了一本《芝龛记》传奇后，便以《题芝龛记》为题写了一组八首小诗。其中两首是这样写的：

　　　　今古争传女状头，红颜谁说不封侯？
　　　　马家妇和沈家女，曾有威名震九州。

　　　　肉食朝臣尽素餐，精忠报国赖红颜。
　　　　壮哉奇女谈军事，鼎足当年花木兰。

　　前一首诗中的马家妇指明朝的秦良玉，是石柱宣抚使马千乘的妻子。丈夫死后，她代领宣抚使，统率"白杆兵"，抗击金兵入侵。沈家女指沈玉英，也是明末人，曾代领父职，受任游击将军。后一首诗尖锐地讽刺朝中大臣们，说他们都是些白吃饭的无能之辈，而赞美代父从军、抗敌卫国的女英雄花木兰。

秋瑾的性格不像一般的女孩子，对于女红等活虽然一学就会，可是她却不喜欢这些。她喜爱读书吟诗，尤其对古代的豪侠小说更是如痴如醉。有一天，她读过《史记·游侠列传》之后，和母亲谈论起西汉著名游侠朱家和郭解的故事。母亲见她那种眉飞色舞、满怀羡慕之情甚为可爱，就随便说一句："你外婆家也有武艺高强的人。"秋瑾一听，喜出望外，忙问："是吗？是外公，还是舅舅？"母亲说："你舅父和四表兄，都有一身好武艺。"秋瑾听后沉默不语，可内心却产生了一种强烈的欲望，并做好了打算。

1891年夏天，秋嘉禾忍受不了外国人，便告老还乡。秋瑾全家随祖父回到了故乡——绍兴。秋嘉禾在城南和畅堂买了一幢三间四进的住宅，全家定居下来。

浙江绍兴南山

　　绍兴城历史悠久，风景秀丽，南面是林木葱茏的会稽山，西面有水平如镜的鉴湖。古往今来，它养育了许多英雄豪杰。屹立在城东南的禹陵，相传是大禹王的葬地。大禹治水，在十三年中三过家门而不入的故事，几乎家喻户晓。越王勾践从吴国回来后卧薪尝胆、报仇复国的故事，更是妇孺皆知。南宋将领唐琦在这里抗金救国、英勇牺牲的故事，流传甚广。南宋爱国诗人陆游、明代愤世嫉俗的文人徐渭都是绍兴人。这些古代先贤、英雄豪杰的历史故事，熏陶、感染着少女秋瑾，使她逐渐形成了疾恶如仇的性格和忧时报国的思想。

　　于是，秋瑾学习武艺的欲望、要求更加强烈。有一天，她就把自己学习武艺的愿望向母亲说了。虽然母亲宠爱女儿，但却认为女孩儿舞枪弄棒不成体统，便不同意她的要求，再三劝阻。可是，母亲终究拗不过爱女的倔强性子，再加上爱女成天纠缠，最后只好答应她的要求。就在秋氏全家返回故乡的这年秋天，母亲带着秋瑾来到了外婆家。外婆家住萧山县，是当地有名的大户人家。舅父虽然是文武双全，但要经常处理公务和家事，不能天天教秋瑾练武，秋瑾就拜四表兄单宝勋为师。单宝勋武艺高强，远近闻名。他先教秋瑾拳术，然后再教棍棒术、刀剑术。因为秋瑾并不想像古代剑侠那样独来独往地除暴安良，而是要学习

率领千军万马同敌人作战的本领，所以，当她把武功学到一定程度之后，又要求师傅教她骑术。秋瑾天资聪颖，她又把全部热情和精力都倾注在习武上，所以很快就学会了武艺和骑术。转眼间，秋瑾和母亲已在外婆家住了很长时间。母亲考虑到，秋瑾已是待字闺中的大姑娘了，成天舞枪弄刀，恐怕不大好。于是，母亲就把她带回自己家里。秋家所住的和畅堂后面，就是绍兴城有名的塔山。秋瑾每天一大早就登上山顶，在当年越王勾践观天文、卜吉凶的地方，苦练武艺。就这样，她虽然没学得飞檐走壁之术，可是武艺却越来越精湛，一般的三五个大汉恐怕也不是她的对手。由于父母的宠爱，英雄豪杰事迹的熏陶，再加习武生活的磨炼，使秋瑾养成了豪放、纵情、刚烈的性格。凡是同她有过较多接触的人，大都有这种感觉和印象。和她情同姊妹的女友徐自华，后来在《鉴湖女侠秋君墓表》中说秋瑾的个性是"不拘小节，放纵自豪，喜酒善剑"等。

秋瑾虽然性格刚烈，但却有一副同情劳动人民疾苦的柔肠。

秋瑾的祖居原在福全山（又叫复船山），离绍兴城二十里左右。秋瑾小时候常到那里玩，那里的许多事物她都感到新鲜有趣，什么车水呀，拔草呀，甚至捕渔捞虾呀，她都要试一试，学一学，乡亲们都说她不像个大家闺秀。她非常同情穷人和弱者，见到这种人，她总想帮助他们。当时那里住着秋瑾的一位本家族伯。那人年轻时请一个算命先生算命，说他命中注定将来要当翰林（清代的官职名）。于是，他从此田也不种，工也不做，成年累月地苦读四书五经，苦练八股文章，结果年年去应考，年年落榜。人们取笑他，都不叫原来的名字，叫他"翰林公"。可是，他仍然执迷不悟，死不回头，坐吃山空，家境渐渐穷困，弄到快

　　秋瑾的那些抨击清王朝暴虐统治、媚外卖国的文章和忧国言志的诗文就出自这间书房，对照墙上"善读书、无妄求"的牌子，她在当时应该算是个很"不听话"的孩子了。

要讨饭的地步了。当地有钱人家不但不接济他，反而戏耍他，穷困人家又帮不了他。秋瑾眼见这种情况，同情之心和不平之愤一齐涌上心头。她一回到家中，就和父亲商量，请求父亲接济这位族伯。父亲也有慈善心肠，便决定每月接济这位族伯一定的粮米。在送粮米时，秋瑾和父亲一起劝族伯："不要再做'翰林'梦了，应该安心种田，养活家口。"这位族伯终于醒悟过来，拉着秋瑾的手边哭边说："我这么大年纪了，反不如孩子有见识。多亏你们父女救了我们一家啊！"后来，这位族伯用苦读四书五经的精神从事农业生产，家境自然一天天好起来了。

秋家住在城里，乡下还有良田百亩。一位姓曹的农民租种了秋家几亩地。一年天旱歉收，加上曹家妻子、儿女先后病死，他精神上受到严重打击，庄稼却又颗粒未收，天灾人祸接踵而至，压得这位农民喘不过气来。深秋的一天，他穿着破烂不堪的黑袄，哆哆嗦嗦地站在秋家院内廊下，哭诉着无力交租的原因。秋瑾见状十分同情。父亲不在家，她就请求母亲免了这位农民的租米，母亲同意了。这时惊动了秋瑾祖母，祖母手头没有现钱，就拿出一些金银首饰给这位农民，叫他变卖了去埋葬妻儿，度过荒年。

少女缠足愤不平

　　旧社会有个陋俗，就是女人缠足。在秋瑾五岁那年的一个秋高气爽的日子里，秋家在中庭摆起祭坛，点燃香烛。因为那天是开始为秋瑾缠足的日子，为了保佑秋瑾缠足能平安顺利，就举行了祭拜缠足神"小脚姑娘"的仪式。那时没有专业施行缠足的人，大多数都是由母亲或祖母等家庭中有经验的人来给女孩儿缠足。

　　因为脚被布条紧紧裹住后会因发热而难以忍受，所以开始缠足的时间一般都选择在农历十月初进行。秋瑾的母亲为给女儿缠足准备了六条长一丈四尺（约四米多）、宽三寸（约九厘米）的毛蓝布，针线、敷伤口用的药棉、几双袜子和布鞋，还有缠足时需要的小剪刀、剃刀、针、水盆以及制止化脓用的明矾等缠足需要的物品。

　　"玉姑，妈妈今天开始为你缠足。缠足对女孩子来说是最重要的大事，快老老实实地给我坐在凳子上。"

　　小玉姑带着不安和好奇，慢慢地坐到凳子上，晃动着双腿。母亲把玉姑的小脚放进盛满热水的盆里仔细地洗后擦干，再把玉姑的右脚放在自己的膝上，使劲地拉扯大拇脚趾以外的其他四趾，拉得骨头咯咯作响。然后把被热水泡软了的脚掌的前部往脚底的方向弯折。开始时，因幼儿的骨头还很软，玉姑没觉得怎么疼痛，所以就任凭母亲的摆布。母亲接着又在被弯曲的脚趾上涂满了明矾，明矾对发炎化脓很有疗效。然后把四个脚趾用力固定，开始用布条紧紧地缠裹。布条缠完后，为了防止其松开，就用针线将布条与布条之间的接缝处密密地缝合，再把事先准备好的尖头小袜子穿上，最后再穿上小布鞋，这样，缠足的所有程序就宣告结束了。

　　初次接受了缠足的小玉姑站了起来，试着往前走，但脚一着地，朝下弯曲的脚趾就开始疼痛起来，只好用脚跟着地，双手扶着墙，慢慢地横着向前移动。

　　小玉姑通过自己被缠足的经历，亲身体会到了包括自己在内的所

有女孩子们在被缠足时的那无以言表的痛苦。

"妈妈，我不缠足！"玉姑为了摆脱这种痛苦大声地对母亲喊道。

可母亲摇着头说："良家女子不缠足是不行的，这也是你父亲的旨意。"

中国封建社会把尊重父母，特别是父亲意志的所谓孝的理念，作为一种必须尊奉的教条，在幼时即开始进行灌输。

"父亲的旨意！"

小玉姑对这当然无法反抗。但也不甘心，于是反问妈妈："那为什么父亲、哥哥他们可以不用缠足，而我却非缠不可呢？"

一句话问得母亲哑口无言，但还是说了连自己都不愿意说的话："那是因为你是女孩子，将来迟早要出嫁靠丈夫生活。而男人们可以靠自己生活，所以可以不缠足。"

"那就是说女人靠自己是没法独立生活的？"突然冒出的这句话到了玉姑的嘴边又被咽了回去，一股愤怒和悲伤涌上心头，她忍不住地高声哭喊道："我想成为男人！"尽管秋瑾坚决反抗，拼命挣扎，可是一个弱小的女孩怎能与封建恶习相抗争！从此，秋瑾开始意识到：社会上男女是不平等的。可是，她又进一步思考着这样一

个问题：男女为什么不平等？社会现实的压力和束缚，使她在思想上形成了很大的反差：自己虽不是男儿，但是一定要胜过男儿！正像她自己写的《满江红》中所说："身不得，男儿列，心却比，男儿烈。"

经过两年，缠足的所有程序终于完成，母亲松了一口气："玉姑啊，终于缠完足了！"

母亲也从此得到了家族成员以及经常闲言碎语东窥西探的邻居妇女们的认可，从沉重的责任负担中解放了出来。而作为当事人的玉姑，也就此奠定了将来一生生活保证的基础——即拿到了能成为新娘的资格证书和随着丈夫过一辈子的通行证。缠足的过程虽然已完成，但足是身体的一部分，所以还得不断地进行各种各样的修整和保养。被裹小了的脚限制了行动的自由，就只能听命于丈夫，这也就使女人成了听话的"奴隶"。

被紧裹的脚时间一长就会发出恶臭味，所以必须大约每三天就松开一次布条洗脚。那时就得剪脚趾甲，清除长出的泡和进行其他一系列的保养措施。最后再撒上明矾、砂糖等，重新缠上布条。而且为了不使脚长大及变形，还必须缠得越紧越好。这种烦琐麻烦的事，将伴随着女人的一生。

秋瑾作为一名士大夫家庭出身的革命者，饱受了缠足和放足双重痛苦的煎熬。

追求光明志不移

　　秋瑾在故乡绍兴度过了两三年自由奔放的少女生活之后，便跟随母亲离开故乡前往台湾，和她在台湾某地任知县的父亲一起生活。大约在1893年前后，秋瑾的父亲调往湖南任职，秋瑾和母亲也随同来到了湖南。第二年夏天，父亲调任湘潭厘金局（税务机关）总办，秋瑾一家又搬到了湘潭。这时，秋瑾已是待字闺中的大姑娘了。

　　湘潭在清末已是有近百万人口的大县，商业和手工业都很发达，时有"小南京"之称。当时住在十八总（街道名）的王黻臣，因帮曾国藩家管账目，随同曾国藩在镇压太平天国运动中发迹，成为有"百万富翁"之称的大富户。此人早就与秋瑾父亲秋寿南相识，秋寿南调到湘潭任职后，两人更是"时相过从，渐成莫逆"。再加上秋瑾素有"才女"之称，在亲朋之间很有知名度。所以，王黻臣便托朋友李某到秋家为小儿子说亲，要娶秋瑾当儿媳妇。男大当婚，女大当嫁，这是天经地义的事，况且秋王两家门当户对，又是莫逆之交，因此这门亲事一说即成。

　　秋瑾一开始就不情愿这门婚事，怪父母没有了解清楚男方的人品、性情、学问。然而，不论父母怎样爱怜自己的儿女，儿女都逃脱不了听从"父母之命，媒妁之言"的封建婚姻制度的束缚。就这样，在1896年初夏，秋瑾同比她小四岁的王子芳结婚了。这王子芳虽然生得面目清秀，潇洒风流，有点儿文名，但他是个养尊处优的纨绔子弟，为人妄自尊大，又不讲信义。热情奔放、豪爽不拘的秋瑾，同他根本没有感情可言，更谈不上有

秋瑾父母的卧房

共同的生活志趣了。秋瑾的婆婆是个性格暴躁、思想守旧、对人极严的人，秋瑾服侍稍有不周，便遭她的斥责。这些，对于酷爱自由、性烈过男、自尊心极强的秋瑾来说，都是难以忍受的。但是，在那"出嫁从夫"的封建社会里，不管夫妻如何琴瑟异趣，甚至受虐待，女子都必须从一而终。此时的秋瑾痛苦极了，正如她后来在《精卫石》中所说："重重地网与天罗，幽闭深闺莫奈何！"她无以排遣心中的抑郁，只能借酒浇愁或写诗泄愤。她在《梅》十章中借梅自喻，叹息此生未遇知音；在《谢道韫》中，她表达了对才女不得嫁诗人的惋惜；她写于新婚之夏的《思亲兼柬大兄》诗，更深刻地表达了缺少知音同调的痛苦和不满。

虽然秋瑾的遭遇不幸，内心痛苦，但是没有丝毫减损她的正义感和同情心。当时王家有个女佣人吴妈，她儿子在乡下老家租种了地主曾五爷的田。因为那年遇到旱灾，颗粒不收，吴家交不上租米。曾家上门逼租，吴家跪地求饶，也无济于事。可是曾家却想出一个狠毒的办法——诬告吴妈儿子是私盐贩子，写状子告到当时在湘乡任盐务督销的秋寿南衙门。那年头贩私盐是犯法的。这曾五爷是曾国藩本家，和王黻臣有亲戚，所以吴妈不敢把这事告诉主人王家，但是又怕儿子吃官司，只有暗中着急流泪。秋瑾知道这件事后，非常同情吴妈，就找

借口回娘家，把实情告诉了父亲，请求父亲主持公道。秋寿南听完女儿所说，明白了事情的曲直，但是碍于亲家关系，觉得事情很难办。可秋寿南毕竟是耿直的人，清正的官，最后还是秉公处理了这桩案子，使吴妈儿子免去了一场灾祸。

正在秋瑾挣扎于王家的"网罗"中时，中国的政治局势发生了很大的变化。中日甲午战争，中国惨败；1895年4月17日，清政府与日本签订了丧权辱国的《马关条约》，日本割去台湾、澎湖及辽东半岛，还要中国赔款二万万两白银，开放四个商埠。消息传开，激起全国人民的强烈反抗。以康有为为代表的一千三百多名举人联名上书，要求"拒和""迁都""练兵""变法"。接着，康有为、梁启超等人，在北京、天津、上海、广东等地，创办报刊、组织学会，大力提倡变法救国。湖南省的变法运动尤为活跃，谭嗣同等一批维新人士开办"时务学堂"，设立"南学会"，办起《湘报》《湘学新报》，宣传变法新事物，大大开通了以"守旧闭化名天下"的湖南的社会风气。这种社会风潮自然给秋瑾以积极的影响。她常叫人买来新报新书来读，使她大开眼界，接受了许多新鲜事物。

1898年9月，慈禧太后发动宫廷政变，戊戌变法运动很快就失败了。于是，一切都恢复了原来的样子。官

场更加腐败，卖官鬻爵之风更盛。就在这时，王子芳花了近万两银子买了个户部主事的京官，带着秋瑾进京赴任了。到北京之后，秋瑾一家住在南横街圆通观斜对面的一所小宅子里。当时，正值戊戌变法运动失败，封建腐朽势力甚嚣尘上，帝国主义列强展开了疯狂瓜分中国的罪恶活动。秋瑾对从官场人物和王子芳那里所见所闻的那种满眼俗气、醉生梦死和各种腐败无能、勾心斗角的现象，非常厌恶；而危如累卵的国运，更使她忧心忡忡。有一天，秋瑾去北京附近的黄金台游览，借景抒情，写下《黄金台怀古》一诗。诗中说："蓟州城筑燕王台，招士以财亦可哀！多少贤才成底事，黄金便可广招徕？"她借用历史故事，嘲讽了清末官场上卖官鬻爵的丑行。

秋瑾大铜章

  国家正处于风雨飘摇之中，俄、日、美、英、德、法、意、奥八个帝国主义国家，组成联军开进中国，血腥屠杀中国人民，野蛮地抢掠中国财富。为了避难，秋瑾和王子芳匆忙离开北京，回到了湖南。早已对"红毛鬼"和清政府的反动统治深为憎恨的秋瑾，在湖南不断听到八国联军烧杀抢掠的消息，心中非常愤恨。她在这时写下《杞人忧》一诗：

幽燕烽火几时收，闻道中洋战未休。

漆室空怀忧国恨，难将巾帼易兜鍪！

  这首诗的意思是：听说中国和洋人在京津一带的战争没完没了，我身居这黑暗的闺阁之中空怀报国之志，却很难脱下红装戴上盔甲上阵杀敌。

  就在这国家、民族遭受大劫之时，又传来了家庭的巨大不幸。1901年11月26日，秋瑾的父亲秋寿南在湖南桂阳知州任上病逝了。秋瑾的兄弟将父亲灵柩护送到湘潭安葬，秋瑾的母亲也跟随来到了湘潭。办完丧事之后，秋、王两家就在湘潭合股开设了"合济钱庄"，以维持生计。可是秋家不善经商，再加所托非人，钱庄开业不到一年，本金亏折殆尽，宣告破产。从此，秋家在政治上、经济上都完全衰落不振了。

秋瑾在湖南避乱的这段日子里，心中仍然关心着国家大事。庚子之变后，慈禧太后为了登上统治宝座，一面向帝国主义屈膝投降，一面残酷镇压人民反帝斗争，激起全国人民的愤怒。一大批资产阶级民主革命人士纷纷起来，宣传反清革命的思想。这时，秋瑾看到了资产阶级革命家陈天华写的两本小册子《猛回头》和《警世钟》。陈天华以真挚的爱国热情、激愤的语言揭露清政府的腐朽反动本质，动员人民起来革命，把反帝爱国斗争进行到底。秋瑾读了这种书，受到深刻的启发、教育，她欣慰地称陈天华是使自己"启蒙开智"的人。她明确认识到，要挽救国家的危亡，必须追求光明——起来革

秋瑾留日时的照片

命，推翻清政府的黑暗统治。

1903年春天，王子芳赴京复职，秋瑾随他"重上京华"。两年多以前八国联军在京、津一带的野蛮暴行，沿途城乡满目疮痍的情景，都使秋瑾对帝国主义和清政府的愤恨之情加深了，对祖国前途的担忧之情更加强烈了。她深深感到国家民族已经到了危急关头，作为一个中国人，岂能坐视不管？她虽然"身不得，男儿列"，可是她的"心却比，男儿烈"。尤其是当她想到历史上有名的女豪杰、女英雄时，一种胜过男儿的自信心与自豪感又油然而生，她认为："肮脏尘寰，问几个男儿英雄？算只有蛾眉队里，时闻杰出。"于是，她走出了自我改革的第一步——放足（就是把缠裹着的小脚放开，尽量使它恢复原样）。她不但自己放了足，而且还在京城里联合几个女子组织了"天足会"，动员更多的妇女放足。与此同时，秋瑾还大胆地穿起了男装：上着男西装，足登茶色皮鞋，头戴蓝色鸭舌帽。当日本女友第一次见秋瑾时，都分辨不出秋瑾是男是女。后来，这位日本女友问她为什么要这样打扮时，秋瑾说："我想变成比男子还强的人，首先从外貌上变，再从心理上变。"秋瑾自号"竞雄"，意思是要与男子竞赛争雄。

秋瑾日趋解放的思想和行为，使王子芳深为不安和不满。他时常干涉秋瑾的行动，甚至厉声呵斥、责骂，

这自然引起秋瑾的憎恶，加深了本不和谐的夫妻感情的裂痕。在他们回北京的这年中秋，王子芳叫秋瑾准备酒菜，要宴请客人。秋瑾忙碌了一天，准备好了宴席，可一直等候到傍晚，也不见王子芳和客人的面。原来王子芳被人拉去逛妓院了。秋瑾是个刚烈女子，何况她又受了新思想的熏陶，于是她就以行动来反抗丈夫的言而无信、纨绔恶习。她穿着西装，带着仆人看京戏去了。这一大胆的举动惹恼了王子芳，当晚，他竟然动手打了秋瑾。实际上，秋瑾会武功，王子芳本不是她的对手，可是她暂时忍让了。夜深了，她对着孤灯，回顾几年来的婚姻生活，感到无限的悲伤，难道就这么一辈子幽囚在

秋瑾、徐锡麟、陶成章三位近代英豪被称为"鉴湖三杰"

家庭中？难道就这么同那卑鄙、无所作为的丈夫生活一辈子？不能！第二天一大早，她带上必需的生活用品，离家出走了，到泰顺客栈住了下来。秋瑾的这一反抗行动，使王子芳非常难堪。他大小也是个京官，妻子离家出走，这不但有损他的面子，而且还有社会舆论的压力。因此，他再三恳请秋瑾的女友们从中调解，又派丫鬟仆妇们三番五次地前去劝说。秋瑾被花言巧语劝说回家后，才知自己又上当了。原来王子芳并无悔改之心，反而对秋瑾的限制、管束比以前更严了。秋瑾在忍无可忍的情况下，第二次出走，来到新宅纱帽胡同的女友家住了下来。

秋瑾第二次住进京城时，结识了一位女友名叫吴芝瑛。吴芝瑛是清末著名的"桐城派"学者吴汝纶的侄女。她的丈夫廉泉也是一个思想开明的人物。两人因近邻关系而相识，一见如故，情趣相投，便成了志同道合的朋友。在吴芝瑛家里，秋瑾经常看到当时出版的一些新书、新报。这些书报大多是由一些进步青年在日本或上海等地出版的。她如饥似渴地用心阅读，眼

秋瑾纪念章

界不断扩大，思想境界不断提高。她经常写诗来抒发情感、表明志向。她在《宝刀歌》中说：

赤铁主义当今日，百万头颅等一毛！
沐日浴月百宝光，轻生七尺何昂藏？
誓将死里求生路，世界和平赖武装。

诗的大意是说：今日世界通行铁血主义，战争不断，杀人百万如同儿戏。久历沧桑的宝刀闪闪发光，我个人身躯何足珍惜，决心拼命为祖国杀出一条生路，世界和平只有靠刀枪！

她在《宝剑歌》中写道：

炎帝世系伤中绝，茫茫国恨何时雪？
世无平权只强权，话到兴亡眦欲裂。
千金市得宝剑来，公理不恃恃赤铁。
死生一事付鸿毛，人生到此方英杰。

这首诗的大意是说，真痛心炎黄子孙面临断绝的境地，这茫茫的国恨何时才能昭雪？世界上没有平等的权利而只有强权，说到国家兴亡之事我眼眶都气裂了。花了许多钱买来这把宝剑，为的是世界不靠公理而靠武力。

绍兴街景

我把生死一事看作轻如鸿毛，人到这时才能成为英雄豪杰。

如果说以前秋瑾是为不幸的婚姻而苦恼，那么现在，她却为祖国的前途而深切忧虑了。她不愿意守在王子芳身旁，再过碌碌无为的日子了。她对吴芝瑛说："一个人生活在世界上，应当救国救民，对社会做出贡献，以实现自己的抱负，怎么可以一辈子都把自己的精力放在柴米油盐这类生活琐事上呢！"于是，她开始苦心思索如何追求光明，怎样实现理想抱负。恰在这时，中国出国留学的青年日益增多，仅到日本一国去的，就从每年两三百人增加到一千三四百人。秋瑾下决心要出国留学，到国外去寻求真理，结识更多的同志，回国后为追求光明而战，为挽救祖国而战！

王子芳坚决反对秋瑾出国。他不但没有给秋瑾以资助，反而偷走了秋瑾陪嫁的珠帽、珠花等财物，以此来断绝秋瑾的经济来源。秋瑾心志已决，万难转回，她把剩下的一些首饰变卖了，艰苦地凑集了一笔留学经费。

正当秋瑾为筹集费用而各处奔走时，忽然听说前礼部主事王照因与维新派有牵连而下狱。秋瑾出于对维新派的同情，便不顾自己留学经费不足，从中抽出一部分，托人送给狱中的王照，让他上下打点，好早日出狱。秋瑾和王照素不相识。她的侠肝义胆、慷慨济人的行为，深深地感动、教育了许多人。

1904年6月28日，秋瑾与回国探亲的日本女友服部繁子一道，乘火车离开北京到塘沽，搭乘法国客轮"独立号"东渡日本，迈出了她人生中具有决定意义的一步。

侠女东渡愧须眉

秋瑾与服部繁子平安抵达神户港后。一行人来到神户市内的西村旅馆暂时休息，繁子立即给东京的父母和在北京的丈夫拍电报告诉他们自己已经平安回到日本。当时，客船经过的海域经常发生海战，航路非常危险，所幸这次航行平安无事。傍晚，她们又乘上从神户开往东京的火车，但列车在行进途中经常要避让过往的军车，所以，两日后才抵达东京新桥车站。繁子的兄弟和姐姐高兴地前来车站迎接，他们曾看到报纸上登出的一则消息说客船在海上遭到袭击，因而非常担心，直到繁子从神户发来平安电报，一家人才放下心来。

繁子后来回忆说，火车到达后"秋瑾和前来迎接的人一同去了神田朋友的家里"。前来迎接秋瑾的是来自绍兴的陈威等人。《绍兴留学生公函》告诉大家来日本后可以下榻坐落在骏河台铃木町十八番地的留学生会馆，那

里是政府指定的留学生宿舍。

　　来到会馆，秋瑾首先办理了入住登记，在姓名一栏中写的是"秋瑾"，其实，她真正的姓名应该是"秋闺瑾"或者是"王秋瑾"，秋瑾根本没有考虑和王子芳的夫妻关系。就这样，秋瑾的身份转变为旅日留学生。

　　清朝留学生会馆是1902年3月末，在清朝公使馆的资助下，由中国和日本的一些有识之士共同设立的。会馆租用的是骏河台一带闲置的空房，当时，那里有很多空房，地址大概是在从御茶水车站出来水道桥方向，右边就是神田川，会馆就坐落在沿河的一角。房屋是一座

秋瑾到了日本后住在清朝留学生会馆

两层楼的西式建筑和一座日式房屋，里面设有事务室、会客室、食堂、图书馆、阅览室、音乐室和健身房。图书馆里有各类图书和中日文杂志，其中有许多是得到清朝公使馆认可的描写独立战争史和革命战争史的书籍，也有严复翻译的《天演论》。留学生们在会客室召开同乡会、日语讲习会以及出版刊物等，有时会客室就成了销售这些刊物的临时书店。秋瑾按照常规参加了日语讲习所，开始拼命学习日语。学习之余，秋瑾还挤出时间坚持出席每周一次的浙江同乡会例会。因为秋瑾来日本的目的不仅是学习知识，更重要的是要宣传革命，所以在秋瑾看来，这些活动和上课同样重要，甚至比上课还重要，因为通过群体活动可以联络到更多的人。秋瑾是浙江人，丈夫是湖南人，因为这层关系她和湖南同乡会也有联系，经常要出席两个同乡会。湖南同乡会人数多，会馆地方狭小，所以经常租用神田的锦辉馆每月举行一两次集会。在集会上，秋瑾认识了湖南留学生王时泽，据资料记载，王时泽非常有才华，他的《回忆秋瑾》一文中记录了秋瑾留学时的活动。

当时的王时泽刚好十八岁，比秋瑾早五个月自费来东京留学，在弘文学院普通科学习。一般公费留学生都是政府官员，他们大都在速成师范科学习半年后回国。在普通科学习的人来自中国不同的省份，大家讲的都是

各地方言，为了方便教学，学校按省份编班，王时泽就编在湖南班。这年秋天，秋瑾和王时泽一同去横滨参加了革命团体"三合会"。

秋瑾到日本后半个月左右，时间已是7月中旬，她给天津《大公报》编辑吕碧城寄去书稿和书籍，吕碧城于7月22日在《大公报》上以"中外记事"为题发表文章，文章说：

浙江秋璇卿女士，自号鉴湖女侠，慷慨激昂，不减须眉。素悲中国教育之不兴，国权之不振，以振兴女学为栽培人才之根本，乃于上月初九日（1904年6月22日），由京启程，游学日本。日前，寄书于其寓津之女友云：

"二十日（1904年7月3日）到东京，即进实践女学校。一年后进师范学校。并云：'彼国妇人无不向学，我国女子对之实深惭愧。'并望中国女子多到东游学。谓：女子教育需材甚急，我同胞能多一留

学生，即他日多一师资。"云云。志之以为中国女子之劝。

秋瑾出席日本帝国妇人协会附属实践女学校的毕业典礼，在典礼上认识了协会会长、学校校长下田歌子，下田歌子原担任华族女学校（以后的学习院女子部）的教员，后赴欧美留学，回国后创立实践女学校，是明治时期从事妇女教育，致力于提高妇女地位的著名女性。秋瑾了解了下田歌子的经历后，对她产生了敬慕之意，数日后即决定到实践女学校学习。

秋瑾送已从实践女学校毕业的陈彦安、孙多琅回国，分别时，赠给他们一首诗《望海潮》。明显表示出希望接近实践女学校以及相关人员的意愿。当天，秋瑾和持改

秋瑾蜡像

革态度的留学生辛汉、沈翀、华振等人在留学生会馆组织了演讲练习会及标准语研究会，提倡使用标准话（北京话）发表革命演说。那时，秋瑾刚刚到达日本，在短短的数周内，她一边参加日语短期培训班，一边联络各方面的人士，组织留学生团体，还给大公报投稿，可见她的精力旺盛和雷厉风行的处事风格。前一年，部分留日女生在日本成立了"共爱会"，可是后来，这个组织的活动处于停顿状态，原因就是组织者非常希望开展一些有意义的活动，但缺乏具体的实施方案和感召力。针对这种情况，秋瑾提出了组织演讲练习会的建议，同时，号召组织标准语研究会，希望以这种形式把来自中国各地的留学生都组织起来。

"共爱会"的一个重要活动就是演讲，为了提高演讲者的水平，规定参加演讲是每个会员应尽的义务。方言的问题也严重影响着演讲的效果，北京人感觉上海话和广东话等比英语还难听懂。为了实际提高演讲的效果，简章规定演讲时必须使用普通话，这种语言大家都能听懂。秋瑾带头克服自己的绍兴口音，坚持练习普通话。她认为用通俗易懂的话发表演讲是唤起民众起来革命的重要方法，因此必须得解决方言问题。在加入"共爱会"时，秋瑾第一次使用了"竞雄"这个号，并且开始穿和服，她穿和服时从外衣到束腰带全部都是传统的日本服饰。

留日苦学报国家

　　在参加革命活动的同时，秋瑾在实践女学校认真学习文化知识。有时还和宿舍监督坂寄美都子谈论现代中国的诗词。秋瑾应美都子的请求，将杨庄女士的著作《上海旅舍作》改编成简明易懂的《怀念上海》送给她。

　　前一年的秋天，秋瑾和湖南长沙人王时泽一起在横滨加入了"三合会"。按照现在的标准，当时的王时泽还是一位未成年的少年。他的母亲谭莲生惦念孩子，特意从长沙来日本探望。王时泽在《回忆秋瑾》一文中说：秋瑾非常热情地照顾母亲，还曾想让王时泽的母亲也进入实践女学校留学，并为此做了好多工作。

　　为节约生活费，秋瑾和几名留学生合住一个宿舍。谭莲生来时和秋瑾住在一起，因疲劳过度，谭莲生病倒了，秋瑾无微不至地照顾她。全心全意为他人服务，这或许是人称女侠的秋瑾与生俱来的美德吧。秋瑾吃住都

在一个房间里，狭小的房间里摆放着一张桌子。秋瑾经常学习到深夜，有时，一想起灾难深重的祖国和自己无力改变这种社会现状，就往往激动得热泪盈眶，泪湿衣衫。这种激情满怀的性格和徐锡麟非常相似。同居室的朋友看到秋瑾的这种反常举动，一时不知所措，躺在床上的谭莲生也起床安慰她，抚摸着秋瑾的后背，直到她情绪稳定下来。

在日本实践女子学校学习期间，秋瑾每天工作学习都非常繁忙，除正常的学校学习之外，还要参加在留学生会馆举办的日语学习班、演讲练习会、标准语研究会，出席浙江和湖南同乡会和同盟会的会议，再加上要编辑杂志《白话报》，还要挤时间写论文等，经常忙得不可开

交，废寝忘食。实践女学校师范科的教学方法是在短时间内把必修课填鸭式地灌输给学生，所以，一般人根本没有精力再顾及其他事情。秋瑾具有超乎寻常的理解力和记忆力，上课内容尽可能不依赖笔记，全部细细地消化理解后记在心里。同时，她还注意将学到的知识活学活用，随时把对中国有用的东西融合在自己的工作和学习中。比如刚开课不久，她就开始翻译《看护学教程》。看护学与现代医学同步发展，是医疗体系中不可或缺的组成部分。秋瑾感觉到这一体系的重要性，在反复阅读了这本日语教材后，开始一点点地将书翻译成中文。秋瑾还曾写过一部文艺作品《精卫石》，作品中的主人公似乎是以秋瑾自己为原型，表现的是反抗清朝封建统治，实现革命目标的故事。在写作中，秋瑾完全沉浸在跌宕起伏的故事情节中，常情不自禁地低声抽泣，令同屋的人感到奇怪。

秋瑾在尝试翻译日语教科书的同时，抓紧时间学习日语。在留学生会馆任日语教师的松本龟次郎曾是她的老师，在华文出版社出版的《秋瑾年表（细编）》附录中，收录了松本手记《秋瑾女士墓和我的回忆》，这里介绍其中的一部分。

明治三十八年（1905年），我在骏河台留学生会馆任教时，她曾在那里学日语。白皙的皮肤，柳眉，身材苗

条，体态轻盈，黑色花纹的和服上衣，配一件当时流行的紫色裙子，小脚，日本发型，莲步蹒跚。每天从不缺课，回答问题清楚，提问也很尖锐。

松本回忆说，当时的秋瑾已经基本适应了日本的生活习惯，日语还不大流利，但她总是主动和人交流。松本于1933年去中国旅行，曾去西湖湖畔的秋瑾墓拜祭，饱含着对秋瑾的思念，松本写了一首五言绝句。

飘然紫色裙，轻盈金莲脚。
平常凡女子，刚烈显英杰。

正在秋瑾繁忙地度过一天又一天时，在中国发生了《苏报》事件。上海《苏报》主笔陈范为了免受牵连，带着两个浙江籍小妾逃到日本，陈范是湖南人。他认为，所有立志革命的人全部都是改革派的想法是轻率的，虽都主张"打倒清政府，光复汉室"，但在其他道德观念上依然如旧，其保守思想一点也不比保守派逊色。

听到这种论调，秋瑾批评陈范"有损同乡名誉"，还设法让陈范给两位小妾生活费，让她们离开陈范独立生活。尽管陈范曾担任革命杂志的主笔，但在道德观念上还是很陈旧。陈范为了获得大量的革命资金，在没有征得女儿同意的情况下，就和广东商人廖翼朋约定，把自己的女儿嫁给廖做小老婆。他认为父亲可以任意决定女儿的婚姻，没有必要征求女儿的意见，丝毫没有感到父母擅自决定儿女婚姻大事的旧习有何不妥之处。他的女儿叫陈撷芬，是"实行共爱会"的会长，也是秋瑾的挚友，得知父亲要让自己给别人做小老婆，撷芬本人非常气愤，秋瑾也感到非常愤怒。撷芬英语流利，精通英美文学，1902年，在上海创办了中国第一家女性杂志《女学报》，提倡男女平等，是当时有名的才女，但当秋瑾要去找陈范理论时，撷芬却突然莫名其妙地感到胆怯起来了。

儒教认为"孝"是人生最重要的，经常见到儿女长达几年地为父母守孝。撷芬认为，自己的人生道路应由父亲决定，反抗父命就是违背中国的道德准则，不管父亲的说辞多么没道理，也不能抗命不遵，做出违背常规的事情。这种思想看似是理性思维，其实，是在传统习俗长期熏陶下的一种下意识的反应。她不愿意反抗父亲，觉得应该遵从父命，嫁人做妾。秋瑾坚决反对撷芬的想法。说："撷芬，你选择天命还是父命？如果别的留学生都带着这样的问题来共爱会求助，你身为会长，能告诉她们'应该按照父亲的安排，嫁人当小老婆去'吗？我们不就是为了改变这种

绍兴各界妇女代表在秋瑾英勇就义处举行民祭仪式

传统陋习而在战斗吗？"

听了秋瑾的话，撷芬哑口无言，决心按照秋瑾说的话去做，但她没有勇气直接抗拒父亲。看到她为难的样子，秋瑾联络了几位同志赶到陈范的住处和他辩论，在秋瑾等人的质问面前，陈范理屈词穷，不得不答应取消和廖翼朋的婚约。

秋瑾经常挎着腰刀使人感到异样。她兴致高的时候文思如涌，创作出许多诗，这些诗也大多是如《红毛刀歌》《剑歌》《宝剑歌》等与刀剑相关的诗，如"自强之人，无需依仗武器""右手擎剑，左手持杯""后年成败无须测，但恃铁血报祖国"等诗句，气势磅礴，字里行间充满着甘洒热血报效民族的战斗激情。

秋瑾不仅写诗言志，还经常去麦町神乐坂的武术馆练习剑道和马术，坠马负伤的事也时有发生。秋瑾坚信，革命必须从自己做起，不把理想迅速付诸行动，那革命永远不会成功。这种思想和浙江光复会中激进派的思想相同，其代表人物就是徐锡麟。为了准备发动武装起义，秋瑾等人开始秘密研制炸弹。当时，在横滨有位炸弹专家叫李植生，王时泽跟随他学习炸弹制作方法。秋瑾等借来王的笔记，把它全部抄录下来，准备制作炸弹。

投身革命何惧死

秋瑾到达日本东京的时候正是日本通过明治维新，学习西方，资本主义迅速发展，国家日益强盛的时期。所以，急于寻求救国救民的真理和知识的中国青年，纷纷到日本留学，使日本成了当时中国革命活动的一个大据点。当时的东京是中国资产阶级革命派极为活跃的地方，他们经常利用留学生会馆和各省同乡会进行革命宣传，还出版一些宣传革命的书报，如《湖北学生界》《江苏》《浙江潮》《新湖南》等。秋瑾到那儿后，一边在日语讲习所补习日语，一边积极参加各种宣传革命的集会，利用业余时间阅读宣传革命的书报。这样，使她眼睛更明亮，心胸更开阔，胆气也更壮了。

秋瑾在东京广为结交进步青年和革命志士，陶成章、鲁迅、宋教仁、王时泽、何香凝、冯自由等，都同她有过或多或少的交往。秋瑾之所以广交仁人志士，目的非

常明确，她在《鹧鸪天》中写道：

祖国沉沦感不禁，闲来海外觅知音。

伞瓯已缺总须补，为国牺牲敢惜身。

嗟险阻，叹飘零，关山万里作雄行。

休言女子非英物，夜夜龙泉壁上鸣。

这词的大意是说：看到封建落后的祖国心中难受，我到海外结交革命同志。为了挽救祖国，我怎能怕牺牲个人生命。冲破艰难险阻、漂洋过海来到日本学习，是有志青年的英雄行为。不要说女子不会成为英雄，我天天都想着报国杀敌。

身着男装的秋瑾

秋瑾除了学习之外，还积极参加一些社会工作和革命活动。当时，由留日的十几个女生组织了一个爱国的妇女组织叫"共爱会"，但入会人数很少，又很少开展活动。秋瑾就与陈撷芬一道，重建"共爱会"，改名"实行共爱会"，宗

旨是唤醒、联合广大女同胞为国献身。

1904年秋，孙中山派冯自由、梁慕光，在日本横滨成立"三合会"，以"推翻清朝，恢复中华"为宗旨。秋瑾、王时泽、刘道一等人得知消息后，特地从东京赶往横滨参加。"三合会"虽然是反清的革命组织，但在形式上还带有某些帮会的色彩。那天，主持入会宣誓仪式的梁慕光，手持钢刀，架在秋瑾脖子上，问道："你来做什么？"秋瑾答道："我来当兵吃粮！"梁又问："你忠心不忠心？"秋斩钉截铁地答道："忠心！"梁进一步问："如果不忠心，怎么办？"秋瑾答道："上山逢虎咬，出外遇强人！"

在十个人一一宣誓之后，冯自由和梁慕光横牵一幅六七尺长的白布，上书"翻清复明"四个大字，命各宣誓人弯腰鱼贯从布下穿过，表示忠于主义；然后又在室内点燃一堆火，命各人从火上跳过去，表示赴汤蹈火在所不辞。接着，会员共饮鸡血酒，表示生死不渝、患难相共。最后，冯、梁向入会者交代一些会规，封秋瑾为"白扇"（即军师）、刘道一为"草鞋"（即将军）、刘复权为"洪棍"。

秋瑾参加革命组织后，更加重视宣传工作。她积极参加"演说练习会"，还倡办了《白话报》。1904年中秋，在《白话报》首期上，发表了她以"鉴湖女侠秋瑾"署名的《演说的好处》一文。在以后几期的《白话报》上，每期都有她热情洋溢的文字，号召女子反缠足、争求学、争男女平权，激励国内人民爱国抗清。秋瑾还买了一把倭刀，既借以防身自卫，又用以练武。她还常到武术会练习射击。

1905年初，秋瑾在日语讲习所毕业，准备转入东京青山实践女校附设的"清国女子速成师范专修科"。这时，她经人介绍认识了光复会的缔造者陶成章。她从陶成章那儿了解到光复会的革命宗旨，便恳切地要求加入光复会。陶成章被她的精诚所感动，答应做她的入会介绍人，并向她介绍了光复会的其他两位领导人蔡元培和徐锡麟。

1905年春，秋瑾暂时回到离别半年多的祖国。她拿着陶成章的介绍信，先到上海爱国女校找到了蔡元培，倾谈了自己的理想和抱负。不久，她又回到绍兴，找到了在东浦热诚小学主持教务的徐锡麟。经徐锡麟介绍，她加入了光复会，在反清革命的道路上，又向前跨进了一大步。

秋瑾回到家中，探望了母亲，艰难地筹措了一笔学费之后，于1905年盛夏，又登上轮船前往日本，继续求学。回到东京，秋瑾进了青山实践女校的师范科学习。这个学校不但校规很严，课程也很繁重。秋瑾毅力惊人，学习刻苦，每天晚上都读书、写作到深夜。由于秋瑾是自费留学，开支很大，手头钱款有限，所以她非常节约；可是，当别人在经济上有困难时，她总是慷慨解囊相助。在一些小事上，仍能表现出她的女侠风范。

1905年7月中旬，孙中山由欧洲抵达日本，同黄兴、陈天华等人商议，决定成立一个统一的政党——中国同盟会。7月30日，在东京赤坂区桧町"黑龙会"会所，召开了同盟会预备会议。会上，孙中山明确提出了"驱除鞑虏，恢复中华，创立民国，平均地权"的纲领。大会一致推举孙中山先生为同盟会总理。8月20日，同盟会正式成立，通过了党纲和会章，并选黄兴为副总理。此后，参加同盟会的留学生络绎不绝。经黄兴的介绍，

秋瑾拜会了孙中山先生。约十多天后，经冯自由介绍，秋瑾参加了入盟仪式。她举起右手肃立在桌旁，宣誓道："秋瑾当天发誓：驱除鞑虏，恢复中华，创立民国，平均地权，失信矢忠，有始有卒，如或渝此，任众处罚！"宣誓完毕，由黄兴教以会员相见时的握手暗号和三种秘密口令。在同盟会第二次大会上，秋瑾被推选为浙江主盟人和评议员。

清朝政府闻知孙中山等革命党人在留日学生中酝酿革命，十分恼怒而又恐慌，多次要求日本政府驱逐留日的革命党人，并限制留学生的活动。于是，日本文部省颁布了《取缔清国留学规则》，禁止中国留学生的革命活动，剥夺留学生人身自由。规则一出，留学界群情激奋，八千学生罢课以示抗议，并组织敢死队与日本政府交涉。

秋瑾毅然担任敢死队队长，率领敢死队同日本政府交涉；但日本政府置之不理，反而诬蔑中国留学生是"乌合之众""放纵卑劣"。当时留学生分为两派：一派以陈天华、秋瑾为首，主张全体留学生回国；另一派则出于各种不同的考虑，而反对全体回国。陈天华见状，忧心如焚，他以蹈海自尽表现了对于民族尊严和人身自由的凛然不可冒犯的气节。陈天华的自尽震动了留学界，秋瑾主持召开了"陈天华烈士追悼会"。会上，秋瑾发表了慷慨激昂的演说。当她说到激动处，随手从靴筒里抽出"倭刀"插在桌上，大声喊道："如有人回到祖国，投降满虏，卖友求荣，欺压汉人，吃我一刀！"

经过中国留学生的强烈反对，《取缔清国留学生规则》最后没有实行。

祖国沉沦感不禁

　　秋瑾在月刊《白话报》第二号上发表论文《敬告中国二万万女同胞》，文章提倡男女平等，反对男尊女卑，抨击那些主张女子无才便是德、女子只能待在家里相夫教子的传统观念是"胡说"。同时，秋瑾还反对缠足，提倡女子受教育。

　　男性毫无抵触地接受这种来自女权主义者的思想的可能性微乎其微，特别是那些官费留学生，他们平均年龄四十余岁，科举考试合格，在政府中担任各种职务，代表的是清政府。在这些学生中，有一位绍兴学务官派来的官费学生，叫胡道南。胡道南出生于绍兴府山阴县，1862年4月4日生人，时年四十二岁。1889年在杭州乡试合格成为举人。到日本后在早稻田大学师范科学习，兄长以谦也是举人，出身和秋家一样属于士大夫家庭。他主张男人就要像个男人，女人要像女人，男人和女人

地位不同，反对秋瑾主张的男女同权论。他还坚决反对革命，认为革命破坏了社会秩序，使很多人失去生命，是有百害而无一利的事情。听到这种言论，秋瑾愤怒地站起来，指着胡道南骂道："死人！"颜面扫地的胡道南在三年后的1907年7月，向绍兴知府贵福告密，说秋瑾和在安庆发动起义的徐锡麟是一伙的，秋瑾是革命党人，企图在浙江发动起义。正是由于胡道南的告密，秋瑾被捕，接着被处以死刑。

武田泰淳在《秋风秋雨愁煞人》一书中这样写道："秋日里的一天，刘道一来到神田区矢泽馆王的家里，兴

横滨风景

奋地说：'听说孙中山派来了冯自由还有梁慕光等男同志，要他们在横滨组织革命团体，他们的宗旨是推翻清王朝，光复中华。现正在秘密集合人员，怎么样？我们一起去看看吧'刘道一是湖南人，长得非常精神，口才也非常好。"

王时泽和广东学生李植生在矢泽馆租的房间，两人住在一起，李邀他一起去，就这样，数天后，几个人一起乘电车去横滨。当时，刘道一正住在横滨冯自由的家里。

秋瑾和李自平女士一起去的横滨，中途下车出站时，刚好碰到一群市民正在欢送士兵出征，他们的欢呼声给

秋瑾造成强烈的震撼，事后，秋瑾怀着激愤的心情挥笔写了《警告我同胞》的檄文，分两次发表在《白话报》第三四号上。

一天傍晚，王时泽、刘道一和秋瑾等十余人聚集在冯自由家中，然后来到横滨南京街一家广东人开的商

店，共同宣誓参加以推翻清朝，光复中华为目的的革命团体"三合会"。"三合会"的入会仪式模仿洪门的仪式，参加者交纳十日元入会费，然后，举行了以刀架脖，跨火盆，喝鸡血酒等传统的入会仪式，接着大家集体宣誓反清光复中华。入会仪式结束后，新会员被委以各种职务，

从这时起，秋瑾被人称为"秋侠"。

那时在上海组成以绍兴人为中心的"光复会"。在东京以留学生为中心组成了"军国民教育会"。龚宝铨等会员在上海组成暗杀小组，目标是暗杀清政府要员，紧接着和陶成章商议，决定请蔡元培出面成立反清秘密团体，当时，蔡元培因苏报事件正隐藏在山东青岛。蔡元培和在狱中的章炳麟（太炎）取得联系，按照章炳麟的意见命爱国女学校教师余子夷负责起草《光复会宪章》。光复

会在上海新闸路余庆里启华译书局正式成立，大家选举蔡元培任会长。四个月后，秋瑾加入光复会并担任浙江支部的领导。

一天，任上海新民学堂监督的安徽人万福华提议在上海四马路的金谷香菜馆暗杀前广西巡抚王之春，并很快付诸行动。遗憾的是他没有击中王之春，并当场被逮捕。受此牵连，前后有十一人被逮捕，清朝政府加紧搜查革命党人。为安全起见，光复会上海联络处改设在新闸路仁和里和煤号内。

横滨的入会仪式结束后的第二天，秋瑾在东京开始发行《白话报》第三号，除继续刊登秋瑾《警告我同胞》的后半部分外，还发表了秋瑾《告我同胞书》的前半部。文章主张反对帝国主义，反对清朝政府，强调指出"我们必须排除引起社会混乱的清政府。只有这样我们才能不成为他们的奴隶。再则，要进行这样的革命，就必须重视女子教育"。还刊登了《呜呼专制国的国民》等文章。从这些活动中可以明显看出留学生的革命意志日渐高涨，同时，也不难想象清朝驻日公使是何等的震怒。

女留学生们和秋瑾、陈撷芬商议，振兴目前处于休眠状态的"共爱会"，以"二万万中国民众，一步步向前进吧！"为口号成立"实行共爱会"。大家推举陈撷芬担任会长，秋瑾作为事务局局长负责团体的各项具体工作。

会后，与会的十三人合影留念。

第四号《白话报》开始发行。上面刊登了秋瑾《谨告我同胞》的后半部分，遗憾的是秋瑾原稿和杂志都已遗失，没有保存下来。

国耻家难苦思索

　　在日本秋瑾给胞兄誉章复信，说自己尽量合理安排微薄的生活费坚持学习，信中还提到在实践女学校的生活情况。还说："妹近在学校，身体甚耐劳，日习体操，能使身躯壮健。每月费用则限止若干，不多用一钱，惟买书参考须多用钱耳。"

　　知道妹妹的情况后，为了让妹妹坚持学习，誉章想尽办法筹措到一些钱，托住在北京的王子芳寄给秋瑾。当时，誉章不知道秋瑾和子芳的关系发展到什么程度，觉得自己不好过多插手他们的生活。结果，子芳并没有把钱寄给秋瑾。或许子芳认为控制生活费可以促使秋瑾早日回国。知道子芳没有寄钱后，秋瑾非常愤怒，认为子芳辜负了哥哥对自己的情谊，自己在东京省吃俭用，过着艰苦的生活，多么需要哥哥寄钱帮助自己呀。在给哥哥的信中，秋瑾愤怒地骂子芳说："子芳之人，行为禽

兽不若，人之无良，莫此为甚！"还说今后不使用王家的姓氏。可是，要想再去东京，这次回国必须筹措到钱，没有办法，秋瑾只好去求老母亲。母亲典当了家中所有值钱的东西，凑了六百元钱交给女儿。对女儿说："快些回来，安心过日子。"秋瑾流着眼泪感谢母亲。带着徐锡麟写给陶成章地介绍自己加入光复会的推荐函，以及徐锡麟催促陶成章尽快回绍兴、商定革命计划的信函，很快就离开了绍兴，经过杭州赴上海。

秋瑾在上海逗留了半个月左右，在月刊《女子世界》第二年第一号上公开发表了《致湖南第一女学堂书》，提出"自立、就学、团结"的口号，指出"强国"是女性追求自身解放的最终目的，并且，再次号召女性到日本

留学。

在上海，秋瑾恰巧碰到刚从日本回国的陶成章，就把徐锡麟托带的信和推荐函交给他。虽然名誉上的会长蔡元培没有同意秋瑾加入光复会，但由于有了实力派陶成章和徐锡麟的推荐，秋瑾终于实现了加入组织的愿望。盖上血指印后，秋瑾正式成为光复会会员。此后，陶成章介绍秋瑾认识了浙江会党首领丁鏷和吕熊祥等人。两年后，为了组织革命军，秋瑾不辞劳苦，反复往来于这些会党之间，做了大量的动员准备工作。

秋瑾在上海读到女诗人杨庄的五言诗《上海旅舍作》，深受感动。杨庄出身于湖南湘潭，嫁给湖南国学大师王闿运的四子王代懿，是一位著名的诗人，她的哥哥杨度曾经在弘文学院和嘉纳治五郎辩论。

秋瑾乘坐客轮再次去日本，三等舱在船的底部，低矮的屋顶上悬挂着昏暗的灯泡，从通风口吹进丝丝凉风，满舱的旅客就依靠这仅有的新鲜空气，在闷热难耐的船舱里忍受着酷暑的煎熬。涂抹着白色油漆的舱顶和支柱，以及墙壁都散发着腥臭味，浑浊的空气使得晕船的人数在不断增加。秋瑾本来就很疲劳，这一段时间总感觉心脏不舒服，此时，秋瑾感到胸闷憋气，就急忙来到甲板上一边深呼吸，一边眺望着远方的地平线。船沿着黄海和南海向东北方向前进，1894年9月17日，在这一带海域，日本联合舰队全歼清朝北洋舰队，提督丁汝昌吞食大量鸦片自杀，翌年，签订中日《马关条约》割让台湾，赔偿日本两亿两白银，中国国家主权沦陷于列强之手。

"国耻！"

秋瑾站在甲板上眺望着大海，心潮澎湃。对于外国列强的一次次侵略和掠夺，清朝政府束手无策，不惜付出巨大代价乞求和平，使人民陷入水深火热的灾难之中，秋瑾痛恨腐败无能的清政府，她坐在长椅上赋诗两首，抒发自己的情怀。

经过六天的航程，秋瑾乘坐的船终于抵达东京。秋瑾决定还住在本乡元町元日馆自己从前居住的地方。办完实践女学校师范

站在船头秋瑾的心久久不能平静

科的入学手续后，船中的暑热和过度疲劳使秋瑾昏倒在宿舍里，嘴唇干裂渗血，发不出声音，脸色苍白，呼吸困难，她挣扎着想站起来。同宿舍的人看到秋瑾身体不适，急忙照顾她躺下，拿凉毛巾敷在她的额头上后，就跑出去为她买药。

还在卧床休息的秋瑾想起子芳对待自己的态度，不禁怒从心起，提笔给哥哥写信，信中斥责子芳道："无礼实甚，天良丧尽"，"妹已衔之刺骨，当以仇敌相见"。同时还劝诚大哥"父母既误妹，我兄嫂切不可再误侄女"。表现出秋瑾对封建制度下父母包办婚姻的憎恨。也反映出秋瑾一旦认定的事情很难改变的性格。信的末尾，还提到自己在东京的打算。两个星期后，实践女学校普通课程停课放暑假，速成工艺师范科开始上课。

目前保留的明治三十八年八月五日《实践女学校清国留学生分校日记》中记载："今日，学生秋瑾入学。"

当时，担任中国留学生宿舍监督并负责指导留学生生活的坂寄美都子记录下了有关情况。

"秋瑾一人申请入学，从一开始就由我指导她的生活，所以和她非常熟悉，她给我看了一幅她在北京时的女扮男装的照片，乍一看还真没认出来是谁，她是想试试我的眼力。她还说，自己在骏河台有三百名支持者，在上海有五百名支持者。秋瑾品行端正，严格遵守学校规章制度，除了平时访问亲友之外，没有任何可疑的行为。她说话简洁易懂，有时喜欢大声吟诗。"

1963年11月，担任橿原神宫会馆举办的小笠原派礼仪讲习会讲师的坂寄美都子回忆说：

"秋瑾性格容易激动，不论大事小事，都坚持自己的意见，没有理由决不轻易让步或者放弃自己的意见。由于日本政府实行'清国留学生取缔规则'，秋瑾离开日本回国，在学校只学习了几个月。回国时，她说：'别忘了我。'还送给我一本诗集《白香诗谱》（根据《秋瑾年表（细编）》，诗集现保存在实践女学校），当时，秋瑾表情肃穆，像是一位即将为国捐躯的革命志士。我知道她是孙文创立的同盟会会员，但根本没有想到她会成为革命

的导火索。学校保留着许多清国留学生档案和照片，在战争中全部被烧毁。"

实践女学校清国留学生分校设在赤坂桧町十番地，现在的港区赤坂九丁目，离地铁丸之内线木坂站最近，校舍是租用的两层楼共七间教室的西洋式建筑，二层是宿舍，一层是舍监室、接待室、教室、食堂和厨房。

工艺速成师范科依据文部省《清国留学生教科规定》，规定了学制并编制了教科书，学习期限是一年。在包括教育技能在内的普通课程之外，工艺课中还包括缝纫、毛衣编织、刺绣等一般家庭教育，相当于现在的家庭课，同时还学习看护知识和临床技术。秋瑾忍着病痛参加开学典礼，并开始上课。

巾帼千里觅知己

　　吴芝瑛，安徽桐城人，诗文俱佳，尤其擅长书法。她曾制作小万柳堂法帖，传到东瀛，甚得日本皇后的青睐，据说慈禧太后也很赏识她的墨宝。她的丈夫廉泉，字惠卿，江苏无锡人，年轻时参加过"公车上书"，思想倾向维新。1902年和日本人中岛裁之联合在北京创办东文学社，还在北京顺治门外开办了一家文明书局，故在北京小有声望。后来廉惠卿捐官户部郎中，与秋瑾丈夫王子芳同朝为官，两家又是近邻，秋瑾与吴芝瑛得以相识。两人才气相敌，时相过从，正式换帖结为盟友。吴芝瑛的叔父吴汝纶是曾国藩的四大弟子之一，任京师大学堂总教习。经吴芝瑛介绍，秋瑾和京师大学堂日籍教员服部宇之吉的妻子服部繁子相识。秋瑾第一次赴日本就是与服部繁子相伴同行的。

　　徐自华，浙江石门县（今桐乡市崇福镇）人，出生于官宦世家，写得一手好诗词。二十一岁嫁到湖州府南浔梅家，婚后七年，丈夫不幸病故。1906年春，南浔乡绅创办浔溪女校，三十四岁的徐自华被聘为校长。适逢秋瑾从日本归国，经人介绍也来浔溪女校执教。两位才女一见如故，同事两月，结为莫逆之交。徐自华的妹妹当时正在浔溪女校就读，师从秋瑾，成为秋瑾最得意的女弟子。徐氏姐妹后来经秋瑾介绍加入了同盟会。徐自华与秋瑾交往时间只有一年半，形影不离的日子加起来只有三个多月，同志加姐妹的情谊却非常深厚，坚不可摧。

　　为给光复军筹集经费，秋瑾从绍兴经过杭州来到崇德石门镇看望住在那里的徐自华。秋瑾费尽心力，千方百计筹集资金，最后还是不得不求助于徐自华。开展革命工作所需要的人才和资金的严重匮乏，成了光复会的致命弱点。

　　徐自华变卖了全部金属饰品，将得到的约三十两黄金全部交给秋瑾。在徐自华心中，秋瑾是神圣的，绝不仅仅是结义姐妹。秋瑾深知这些钱是徐自华的全部财产，她万分感激，把戴在自己手上的两只翡翠手镯赠给了徐自华。

　　临别时，秋瑾写下《此别深愁再见难》的诗送给徐

莽莽神州嗟陆沉，救时无计愧偷生

搏沙有顾兴亡楚，博浪无椎击暴秦

国破方知人种贱，义高不得客囊贫

经营恨未酬同志，把剑悲歌滴泪横

感愤 秋瑾

自华，握着徐自华的手说，拜托姐姐别忘了西湖边咱们的"埋骨西泠"的约定，两人相视而泣。转天晚上，秋瑾坐车从崇德石门镇经过杭州返回绍兴，徐自华心如刀绞，痛哭着与秋瑾话别。当时的这些情景都保存在徐自华的《返钏记》和《听竹楼诗抄》里。

秋瑾牺牲后吴芝瑛和徐自华不约而同地挺身而出。吴芝瑛先后写下了《秋女士传》《纪秋女士轶事》《挽秋女士联语》等诗文；徐自华先后写了《哭鉴湖女侠》《秋女士历史》《秋瑾轶事》《祭秋女士文》等诗文，相继在上海《时报》《神州日报》《小说林》等报、杂志上发表。她们俩互相呼应，矛头直指当局。她们俩不顾个人安危，不遗余力，秋瑾才得以实现"埋骨西泠"的夙愿。

因研制炸弹时发生了意外爆炸事件，同盟会决定推迟发动湖南起义的时间。同盟会会员宁调元在去湖南湘潭之前来和秋瑾告别，对于秋瑾来说，湘潭给她留下的都是苦涩的回忆。"送调元之际，交杯惜别"，二人开怀畅饮，秋瑾乘着酒兴在素扇上挥毫写下"醉歌"送给宁调元。

秋瑾在绍兴"焦躁不安、通宵达旦"地等待着湖南举义的消息。但结果传来的却是起义失败的噩耗，湖南同盟会的杨卓林、胡瑛、宁调元等战败被捕，听说杨已经被杀害。秋瑾想起前一年在上海曾把酒为宁调元壮行

的情景，不禁流下悲愤的泪水。宁是中国公学的创始人，他立志教育救国。光复会和同盟会原计划是：首先在湖南发动武装起义，起义成功后，再迅速扩大战果，如此浙江诸会党联合组成光复军，和湖南起义部队相互呼应共同起义。为此，秋瑾奔走各地联络各会党为联合起义做准备。现在，湖南起义遭受挫折，浙江光复军不得不单独举行起义，成功的可能性变得非常小。面对困难的局面，秋瑾还是决心在浙江单独发动武装起义。她想必须更加谨慎考虑发动起义的方式、规模和时间。有一次，秋瑾到浙江看望住在常德上德石门镇的徐自华姐妹，动员她们加入光复会。秋瑾认为，在准备和发动起义时，通讯及事务性部门和作战部队同样重要，这些机构非常需要她们。

　　秋瑾正式被任命为大通师范学堂的督办，总办是光复会绍兴分会会长黄怡，督办相当于教导主任或校长代理。总办之上是总理，相当于理事长。大通学堂理事长是会稽人孙德清，他完全不懂教育，所以，一切工作自然由秋瑾负责，她成了事实上的学校的最高管理者。秋瑾在担任督办的同时，还在仓桥街创立了女子体育会，计划开展步兵教育以便今后成立女子民军，但是，陶成章在《浙案纪略》中说：计划没有成功，或许最主要的原因是资金不足吧。

　　《中国女报》第二号上刊载了发行人秋瑾身穿和服，手执日本刀的照片，那是在东京为了留学生回国之事四处奔走时照的几幅照片之一，秋瑾非常喜欢这幅照片，她平时总爱把自己喜欢的照片配上镜框保存起来。卷首刊载了秋瑾的自荐诗《勉女权歌》。在刊物上，秋瑾慷慨激昂地主张女权主义和女性独立，字里行间洋溢着新时代女性杂志的独特气息，是秋瑾非常自信的作品。第二号中还连载了秋瑾翻译的《看护学教程》和《感时》等五首诗，其中，有秋瑾去日本留学前在北京时的作品，整版杂志几乎都是秋瑾个人的作品，从中可以想象出找

秋瑾的卧室

不到合适撰稿人的困难境况。就在此时，秋瑾见到年轻有为的陈挽澜，挽澜是光复军领袖之一陈伯平的妹妹，擅长书写。

秋瑾立刻决定录用陈挽澜，还在女报上为挽澜的小说《女英雄独立传》登载了广告。

陈挽澜原名叫师敏，号挽澜。绍兴府会稽县平水出身。1887年生人，死于1917年。《女英雄独立传》是她二十岁时的作品。她从幼年时起就喜好读书，和在广东省广州铁路医院当医生的刘波澜结婚，生有一女名葆青。

挽澜父亲芷湘在福州当官，挽澜共有五位兄长，最小的哥哥叫师礼，字伯平，别号白萍生、光复子。陈伯平和徐锡麟在安徽省安庆共同发动了武装起义，他和徐锡麟并肩作战，在枪战中阵亡，起义失败。陶成章曾在《浙案纪略》中的"安庆之难"和"陈伯平传"中讲述了这段历史。

秋瑾像

以书言志侠女情

1906年，秋瑾暂住在上海四川北路横滨桥，这年的元旦是在上海度过的。在上海期间，秋瑾和从日本一起回国的留学生商议决定成立学校，大家推举同盟会的宁调元为代表，2月初，学校在吴淞正式开学。仓促成立的学校，只有短短一个多月的准备时间，所以，学校只是用大家筹集到的资金，租教室，编制课程，组织师资队伍，大家把学校定名为"中国公学"。

秋瑾给在东京的王时泽去信说：

……盖君之志则在于忍辱以成其学，而吾则义不受辱以贻我祖国之羞；然诸君诚能忍辱以成其学者，则辱也甚暂，而不辱其常也。吾素负气，不能如君等所为，然吾甚望诸君之无忘国耻也。吾归国后，亦当尽力筹划，以期光复旧物，与君相见于中原。成败虽未可知，然苟留此未死之余生，则吾志不敢一日息也。……

这封信的内容在秋瑾牺牲后，王时泽曾为其添加了序言，名为"秋女烈士遗稿"；此外，秋瑾的女儿灿芝也曾以"致某君书"为题将此信收集到自己编辑的书中。

在上海曹家渡小万柳堂，秋瑾见到了久别的密友和义姐吴芝瑛，吴芝瑛身边带着十六岁的女儿廉研。秋瑾流着泪把留学时的艰辛一股脑向姐姐倾诉，特别是第二次乘船从上海去横滨时，在酷热的船底舱，秋瑾女扮男装和一群劳工并排躺在船板上，胸前紧紧抱着护身用的短刀，咬着牙等待天亮。就从那个时期开始，秋瑾患上了心脏病。

秋瑾和吴芝瑛久别重逢，异常高兴，她们一边喝着绍兴酒，一边尽情诉说分别后的各自境况。微醉之下，秋瑾乘着酒兴，边吟诵着自己写的诗，边拔出一直随身携带的护身"宝刀"翩然起舞起来。

吴芝瑛在《记秋女侠遗事》一文中，用简洁的语言叙说了这个令人激动的情景。

"酒罢，女士拔刀起舞，唱日本歌数章，命吾女以风琴和之。歌声悲壮动人。"

文章还说，从北京的时候起，秋瑾就喜欢舞剑作诗，还写了《宝刀歌》《剑歌》等一批与刀剑有关的诗。

酒席间，秋瑾边歌边舞的那首歌很有可能就是《勉女权歌》，因为这首歌作为酒席上的助兴，是非常合适

的。歌词发表在1907年《中国女报》第二号上，还附有简谱以供人们传唱。歌词开始是："我辈爱自由，勉励自由一杯酒。"在秋瑾众多的诗词中，广为流传的就是这首诗：

> 吾辈爱自由，勉励自由一杯酒。
> 男女平权天赋就，岂甘居牛后？
>
> 愿奋然自拔，一洗从前羞耻垢。
> 若安作同俦，恢复江山劳素手。

旧习最堪羞，女子竟同牛马偶。

曙光新放文明候，独立占头筹。

愿奴隶根除，知识学问历练就。

责任上肩头，国民女杰期无负。

接着，廉研用房中的风琴为秋瑾伴奏，演唱了日本

歌曲。吴芝瑛的文章中没有提到歌曲的名称，但根据如下理由推断，那首歌很可能就是《妇女从军歌》。

秋瑾自传体小说《精卫石》（弹词）全书分为二十回，第十八回的标题就是"姊妹散家资义助赤十字弟兄冲炮火勇破包三旗"，这或许应该是她在祖国开展民众运动的目的之一吧。

我们推断秋瑾曾经吟唱的是《妇女从军歌》，这首歌由六段歌词组成，歌曲发表在明治二十七年十月，原文用常用汉字和现代假名修改过，歌曲部分汉字注有假名。

枪炮渐闻虫喋声，战场寂寂死无音。
硝烟弥漫腥风散，血染山河草木焚。

剑影刀光敌我军，帽飞袖断血留痕。
士兵脸色枯如草，遍野尸横泣鬼魂。

红十字旗舞浊尘，直擎天幕显温馨。
从军护士爱心富，壮哉仁乎妇女心。

纤纤玉手情殷殷，伤口轻抚慰呻吟。
绷带帐篷白褂袖，冰心一片映清晨。

同胞外敌且毋论，救死扶伤情谊深。

圣哉胸中红十字，不分彼此温如春。

文明生命贵逾金，伟矣母心慈爱真。

圣哉胸中红十字，不分彼此温如春。

　　1905年8月，秋瑾称是应服部夫人的请求写了一首诗。秋瑾的真实思想体现在这首诗的结尾部分，也就是歌颂红十字的地方。

草木山河皆变色，未许潜蛟侧目看。

仁乎壮哉赤十字，女子从军卫战士。

吁嗟一线义勇队，唤起国魂强宗类。

这首诗和《妇女从军歌》颇有相似之处，"血染山河草木焚""壮哉仁乎妇女心""从军护士爱心富""圣哉胸中红十字"。从中可以窥见并感受到秋瑾喜爱《妇女从军歌》，并且，深受歌曲的影响。

歌舞结束后，秋瑾当场写下"春柳"诗四首赠给了吴芝瑛。

秋瑾在庚子事变前即从事创作，多以五七言律诗和绝句抒写个人幽怨。《梅》《兰花》等诗，托物抒怀，已经很见才情。而《题芝龛记》八首通过对花木兰、秦良

玉的赞颂，抒发她精忠报国的豪情壮志。庚子事变时期的《杞人忧》中的"漆室空怀忧国恨，难将巾帼易兜鍪"，《感事》中的"儒士思投笔，闺人欲负戈"，已见诗人以天下兴亡为己任的胸襟，也预示着她即将冲破樊篱，走向革命。

　　庚子事变以后，特别是在光绪二十九年以后，秋瑾诗的思想内容和艺术风格都发生了显著变化。献身革命，谋求民族解放与妇女解放，成了她诗歌的基调。绝大部分诗篇都洋溢着爱国主义激情，充满着挽救民族危亡、振兴祖国的激情。《宝剑歌》的"他年成败利钝不计较，但恃铁血主义报祖国"，《吊吴烈士樾》的"卢梭文笔波兰血，拚把头颅换凯歌"等，无异于诗人献身于革命的誓词。和徐寄尘等女友的唱和诗，唱出了对于妇女解放的理想。她希望妇女破除袖手旁观的陈规陋习，尽国民的责任，脱下闺装换戎装，挽救祖国于危亡之中，创造英雄事业，创造"女儿文明"。这一时期的诗除五七言律诗和绝句外，又采用了篇幅较长的歌行体。诗的风格也明显地呈现出互不相同的两种特色。一种偏重于抒发革命理想，表达革命必胜的信念，虽间有悲凉之句，但以乐观豪放、热烈昂扬为其特色，如《宝刀歌》《宝剑歌》《秋风曲》《泛东海歌》《吊吴烈士樾》《赠蒋鹿珊先生》等。另一种诗则偏重于批判现实，慨叹世人麻木不仁，

自己救国无方，如《感时》《感事》《感怀》《柬某君》等，虽有感人奋发的诗句，但以悲壮苍凉为基调。

秋瑾的词作，大致如同其诗。前期多写闺中愁绪，后期多写革命壮怀。《满江红》中的"小住京华"抒发正在觉醒，即将冲破家庭，走向革命的一腔激愤之情。《满江红》中的"肮脏尘寰"和《望海潮》《送陈彦安、孙多琨二姊归国》，抒发唤起群众创造新世界的胸怀。

秋瑾的革命品格与诗品历来受到称赞。邵元冲说："鉴湖女侠成仁取义，大义炳然，不必以文词鸣而自足以不朽。然即以文词而论，朗丽高亢，亦有渐离击筑之风；而一往三叹，音节嘹亮，又若公孙大娘舞剑，光芒灿然，不可迫视。"（《秋瑾女侠遗集序》）

为了唤起群众，秋瑾写过白话文、歌词，谱过曲。她还针对妇女识字者少的情况，创作了通俗易懂，能够演唱的弹词《精卫石》。篇中描写黄鞠瑞等妇女冲破家庭束缚，赴日留学，参加革命党，终于推翻清朝政府，建立共和国的事迹。它相当深刻地揭露了封建制度与封建伦理观念对妇女的压迫，指明了妇女在社会革命中求得自身解放的道路，其题材具有一定的开创意义。

从光绪三十三年以来先后出版了多种秋瑾作品集，如王芷馥编《秋瑾诗词》，龚宝铨编《秋女士遗稿》，长沙秋女烈士追悼会编《秋女烈士遗稿》，秋社编《秋女侠诗文稿汇编》，王绍基编《秋瑾遗集》，王灿芝编《秋瑾女侠遗集》，中华书局上海编辑所编《秋瑾集》。

秋瑾的棺椁　从山阴经过苏堤第六桥运往杭州

壮士一去不复还

为了给在湖南发动起义的同盟会会员宁调元提供武器，陈伯平、秋瑾等人与研制炸弹的小组成员一起在上海虹口祥庆里的隐蔽工作室里秘密制造炸弹，这个地点也兼作《中国女报》的编辑部。

制作炸弹异常危险，设备简陋，加之操作人员又不熟悉方法，安全教育不充分等，境况相当危险。就在大家提心吊胆小心翼翼操作时，炸弹意外爆炸，陈伯平眼睛和全身多处负伤，秋瑾的手和胳膊也被炸伤。爆炸的巨响惊动了附近的巡警，他们立刻闯进来搜查，小组人员迅速用书架遮住制造炸弹的密室门，秋瑾忍着伤痛若无其事地和闯进来的巡警周旋，尽管巡警们对屋里弥漫着的硝烟味感到非常奇怪，但看到秋瑾镇定自若，谈笑风生，找不到任何搜查理由，只好灰溜溜地离开了。巡警离开后，大家立即把身负重伤的陈伯平秘密送到熟人

的医院，经过抢救，终于保住了性命。秋瑾躲藏在亲友吴兰石的家中，经过紧急处置后带伤返回绍兴老家，不久，伤口痊愈。在家里养伤时，秋瑾写了"秋风曲"这首诗，其中就有"昨夜风风雨雨秋，秋霜秋露尽含愁"这样的诗句，可以看出秋瑾作诗的情怀和她最后的被称为绝命诗的"秋雨秋风愁煞人"有着很大关联。

爆炸事件发生后，锐进学社被查封，上海的秘密据点也就此随之消失。

为了发行《中国女报》，秋瑾去坐落在上海吴淞的中国公学借款，学校将部分社会捐赠的资金借给了她，秋瑾打算采取发行股票的方式集资，计划发行五百股，一股二十元，共计一万元。首先在报刊上发布宣传广告，召集社会人士入股。她先在上海《中外日报》上登出广告，阐述中国女报的办报宗旨和目的，倡导女子接受教

育的重要，呼吁社会各界共同努力开展女子教育工作，其中还提到计划筹建中国妇女协会的基本理念。可是，报刊内容都是妇女问题，在当时，只有极少数的妇女能够读报纸，购买股票的人就更少。因此，中国女报发行的准备工作虽然已经基本就绪，却只筹集到四千元，没有钱租房办公以及购置印刷机械。在资金极其困难的情况下，徐自华姐妹鼎力相助，共同捐赠了一千五百元，其中包括布料店的全部利润。得到徐氏姐妹竭尽全力的支持，秋瑾很快就租到了上海虹口北四川路厚德里91号的房子，把编辑部安排在那里，门口挂上"蠡城学社"的牌子。按照秋瑾的指示，中国女报的出版发行全部由光复会负责，让陈伯平担任编辑部主任，陈的伤口大体痊愈，姚勇忱、张剑崖任编辑，这些人都是研制炸弹小组的成员，并让徐蕴华任校对，尹维峻负责发行管理，秋美章任总务，秋瑾自己担任发行人兼社长。

在这期间，秋瑾始终没有放松和各地组织的联络工作，为发动武装起义做准备。当时，各省光复会志士云集上海，秋瑾负责浙江地区的组织动员工作，她将刘道一等人派到同盟会总部，协助总部指导各地的组织工作，同时负责接待来会的各界人士，动员他们参加光复会，分配给他们具体工作。例如，他们曾经接待了来自台州的一位叫王军（字文庆）的年轻人，王军二十四岁，拿

着陶成章的推荐信赶到上海来见秋瑾。从天台山到台州湾一带旧称台州，此时，江西萍乡正在酝酿着武装起义。从晚秋到冬季，到处流传着一个谣言，说从上海来的光复会会员和海外的华侨组织近期要在萍乡发动武装起义，从江西到广东的南中国海沿岸一带弥漫着紧张的空气。大家商议把王军等四人已经加入光复会的事情以及今后的工作安排等报告给在上海的陶成章，并征求他的意见，当然也把情况向秋瑾汇报。接着，让王军陪同秋瑾分别拜会兰溪、绍兴、金华等地的会党组织，负责保护她的安全。

这期间，《中国女报》第一号的发行准备工作虽然举步维艰，但逐渐趋向于完成。

年底，秋瑾从上海去杭州，目的是加强这一地区的组织工作，让各分会做好起义的准备工作。经过嘉兴时，和浙江支部的敖嘉熊、褚辅成等人见面，商议起义的作战计划，并给他们看了蔡元培会长要求发动起义的信，传达了陶成章的工作计划。

秋瑾一行来到杭州，十九岁的光复会会员张任天迎接并全程陪同他们活动，这或许是一向行事谨慎的陶成章特意命他来保护秋瑾的。

和往常一样，秋瑾身穿蓝色绸缎的中式上装，脚穿黑色皮鞋，除了身材瘦小之外，完全是一幅男人的装扮。

她们住在浙江抚台衙门附近车驾桥旁边的一家叫庆和堂的小客栈里，租了一间临街的房间，以方便观察来访的客人。旅馆的地址是现在的杭州市江城路400号。秋瑾来杭州的目的是整合原有的会党组织，发展新队伍，动员武备学校学生和教师参加革命。在甲午战争中，中国军队战败，清朝政府意识到必须加速军队的现代化建设，建立一支与旧军队完全不同的受过现代化教育的新式军队，其措施之一就是建立一批培养新式军队的武备学校。通过秋瑾的努力，武备学校、弁目学堂、赤城公学等学校的学生及教师等都表示支持革命，纷纷加入光复会。随着这些人的加入，从内部瓦解了清政府处心积虑建立的军校。

鉴于光复会组织大幅度扩充，秋瑾采纳了吕公望的建议，让人设计制作了木制印章作为光复会的标记，印章的设计是在方框中由"止"和"夕"两个文字及符号组成的图案，今后，组织成员在相互联络时，随身携带两张卡片，一张印有光复会第一个字"光"，另一张是"复"字，以此来证明各自的身份。同时，还制作了可以像桃核一样咬合在一起的印章，已备联络时使用。这些设计最终由秋瑾决定，这一切都证明了秋瑾实际上是浙江地区的最高领导者。

秋瑾临时住在杭州金钗袋巷吕逢樵、丁载生等人的家里，在那里和许多会党首领商议工作，还在西湖畔的白云庵和徐锡麟、陈伯平、马宗汉等光复会干部研究工作。这些工作告一段落后，一天，秋瑾和吕公望等人再次聚集在白云庵，为即将去安庆赴任的徐锡麟饯行。当时，徐锡麟被清政府指派到安徽省安庆地区一个武备学校工作，秋瑾等计划以此为契机，在安庆地区发动武装起义。

临行时，徐锡麟要求秋瑾一定要尽快做好起义的准备工作，把浙江地区的事全托付给了秋瑾。徐锡麟等人流露出对刚刚成立的大通师范学堂的留恋，众人把酒话别。或许徐锡麟和秋瑾已经意识到七个月之后二人的命运，他们的命运恰如燕国壮士荆轲吟唱着"风萧萧兮易

水寒，壮士一去兮不复还"，踏上行刺秦始皇的征程一样，当日的西湖也如同当年的易水，湖面吹拂着瑟瑟寒风。

秋瑾一回到杭州，就命令吕公望设法打入浙江巡抚院守备队，迅速探明新军守备队的组成，特别是洋枪队的情况，并把情况尽快向组织汇报。为了解决资金不足问题，秋瑾还计划让吕公望等人到有可能捐款的大户人家去筹集十万元钱，交给相关同志做活动经费。吕公望则认为这样做会暴露起义计划，因而坚决反对。秋瑾随即呼吁党员卖掉家产支援革命，千方百计筹集购买枪支弹药的经费。但是，过于勉强的集资方法反而使人产生

了很多的误解，也没有达到筹集资金的目的。秋瑾为了筹资不惜采取任何方法。发行杂志，同样也是为解决起义部队装备、食宿等经费问题，在秋瑾的脑海里，无时无刻不在思虑经费问题。

秋瑾故居

从同盟会东京总部派到湘潭的刘道一、蔡绍南、魏宗铨等和湖南、江西的会党共同在浏阳、醴陵、萍乡等地发动起义，即所谓浏醴萍起义。起义军由许多大大小小的会党组成，战斗顺利时，各个会党争先恐后地要求参加，很快就形成三万余众的起义大军，清朝政府陷入极度恐慌之中。但是，这些军队都是临时组织起来的，指挥系统紊乱，补给中途中断，都督龚春台率领政府军发动反扑，很快起义就失败了。起义指挥刘道一在衡山被捕，后在湖南长沙浏阳门外被斩首。刘道一的牺牲使同盟会失去一位优秀战士。

这一年，革命党在湖南发动起义，加上连绵大雨，江河泛滥，湖南地区情况异常混乱。

湘潭也发生洪涝灾情，秋瑾的夫家全家都到郊外的黄土山躲避。据说王子芳的父亲王黼臣向官府捐款，开设粥棚救济灾民，洪水退后，清朝政府授予他"员外郎"的官位，而他坚决不受。

在杭州的紧张工作之后，秋瑾回到上海，参加立德夫人西女士在上海商业繁荣街大马路（今南京路）的议事堂举办的"天足会"，后来还接替西女士指导"天足会"工作。秋瑾极其痛恨缠足，在上海，秋瑾曾和改革派组织"敬业学会"的叶葆元交往，还共同发行过旬刊报纸，由于资金不足，到年末报纸停刊。

秋瑾做事和徐锡麟一样雷厉风行，从不瞻前顾后。

那时，秋瑾的母亲单氏在绍兴和畅堂家中病逝，享年六十一岁。接到信后，秋瑾立即赶回绍兴奔丧。誉章在守孝期间也被暂时免去官职，回到故乡主持母亲的丧事。

作为一名女性，母亲尽心竭力抚育子女，把女儿培养成为一名才女。作为诗人，秋瑾写下《挽母歌》《临江仙》等挽歌悼念母亲。现在，秋瑾所牵挂的只有一母同胞的哥哥誉章，办完丧事后誉章就要回北京复职了。

母亲死后，秋瑾就再没去过上海，在绍兴度过了人生的最后几个月。

秋瑾故居展览室

鞠躬尽瘁为革命

尽管费尽周折，《中国女报》第一号最终还是出版发行了。秋瑾回到绍兴后被正式任命担任学堂的领导，但是在开学前，她必须在绍兴筹备学堂的开学典礼，以及招聘教师，招募学生，安排课程等，准备工作相当繁重。在上海时，由于过度疲劳，秋瑾时常感到身体不适，多次出现心脏病发作的征兆。杂志的成功发行一度使秋瑾感到兴奋，但短暂的喜悦随即就被参股人员少，资金困难等一系列的严酷现实冲淡了。就连用出版杂志的钱偿还中国公学贷款的计划也根本无法实现，这笔贷款必须由秋瑾个人负责偿还。眼下的燃眉之急是必须继续出版第二号，面对压力，秋瑾时常感觉心慌气短、气喘吁吁，有时几乎要昏厥，身体情况越来越糟糕了。

秋瑾给上海《女子世界》月刊杂志社编辑陈志群写信述说自己经常生病，从健康状态看很难同时担任《中

国女报》和大通学堂两项工作，如果可能的话，希望由陈志群担任《中国女报》的编辑工作。但最终她的愿望没能实现。

每年1月份，大通学堂通常都要举办例行的腊月酒会。这一年，杭州官吏贵林的儿子来学校上学，贵林是旗人，他的儿子入学后也参加了当年的腊月酒会。其实，他的目的不是上学，而是奉父亲之命秘密监视学堂。那时的学堂和科举时代的私塾完全不同，清政府特别是满人官吏十分担心学生们聚在一起闹事。大通学堂就是徐锡麟打着为军队培养后备士兵的名义筹建的，不仅招收了很多学生，而且集中了大量的枪支弹药，使得清朝政府愈发感到不安。

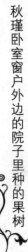

秋瑾卧室窗户外边的院子里种的果树

绍兴工作告一段落后，秋瑾和光复会会员王军一起来到诸暨、义乌、金华、兰溪等浙江中部乡镇拜会当地会党首领，商议加强组织间的联系和联合发动武装起义等事项。王军是台州人，在上海时就在秋瑾领导下工作。

浙江地区会党林立，势力强大。诸暨在绍兴西南方向约一百公里处，再往南八十七里是义乌，义乌西南偏西约一百里地是金华。富春江水系将兰溪、金华、杭州等地联结在一起，大小船只往来频繁，物资交易盛行。这些地区经济活动繁盛，地方独立性强，会党的革命和独立行事的意识较为浓厚。他们往往坚持自己的主张，因此，要把他们吸收进光复会并使他们团结在一起是件非常困难的工作，秋瑾的工作就是必须向他们说明光复会的方针和浙江起义的计划，同时还要考虑如何动员他们支援湖南起义。

秋瑾身着男士骑马服，围着羊绒围巾，冒着凛冽的寒风骑马往来于各地。徐锡麟在两年前，也就是1905年2月也曾走过这条路。秋瑾是女性，而且缠过足，根据《浙案纪略·中卷·列传二》记载，徐锡麟带领数名学生徒步走访东阳、嵊县、义乌、诸暨四县。"自东阳往诸暨，昼行百里，夜宿丛祠"，一天行程不到六十公里。沿途几乎没有客栈，而且，表面的目的是通过军事训练使身心得到锻炼，所以，夜晚大都露宿在路边的祠堂里。寒冷的冬季，露宿在山间，这真是符合徐锡麟坚韧性格的旅程。在一个月的游历中，徐锡麟结交了许多有识之士。"游历数县，得俊民数十"，也就是说，通过交流加深了和各地会党头领的关系，这才是徐锡麟旅行的真实目的。徐锡麟是射击高手，为了练习方便，经常随身携带短枪。他听到俄国侵犯辽东半岛时曾失声痛哭，把俄国人的画像当成靶子练习射击。一次，他被反弹回来的子弹击伤了肩部但仍然面不改色坚持练习。

大通学堂设立了体育专修科，招收有志向的青年，课程中包括徒步练习，每天早晚进行训练。徐锡麟身材比一般人瘦小，为了克服自身的先天不足，每次都率先

秋瑾故居

参加训练，经过一年的努力，徐锡麟身体强健，每天能够行走二百里路。这种不畏艰险勇于向困难挑战的精神和秋瑾相同，秋瑾虽然缠过足行动不便，仍然自幼坚持练习武术，二人都具有严于律己，坚忍不拔的性格。

为了掌握各地会党的情况，做好联络工作，秋瑾不辞劳苦，风餐露宿，多次骑马往返于数百公里的田间小道，其艰苦程度不亚于徐锡麟的徒步旅行。

秋瑾和王军来到金华，住在当地四代望族金阿狗家。在金家和金华会党首领徐顺达畅谈，动员其加入光复会，任命他担任"参谋"，统管光复会金华会会员和光复军。金华是秋瑾最重视的地区之一。

会党首领往往将根据地设在极其偏僻的村庄，为了会见兰溪会党首领蒋鹿珊，秋瑾骑马从兰溪县城出发向北翻山越岭走了一天来到大山深处的水阁塘村。蒋性格倔强、顽固，是一个不容易打交道的人。就是这样一个人在秋瑾的说服下，不仅同意参加武装起义，还和秋瑾互赠诗篇，成了关系密切的朋友。秋瑾卓越的活动能力将各地会党首领纷纷聚集到了自己周围。

归途中，富春江流经兰溪和绍兴附近的萧山，秋瑾大概是乘船返回绍兴的。回去后，秋瑾给上海《女子世界》的陈志群去信，对陈的支持表示感谢，并随信寄去《中国女报》创刊第一号。

跨马驰骋忧神州

　　长江流经长沙附近以及南京、上海，客轮从长沙起航穿过洞庭湖进入长江，经过湖北省的武昌即现在的武汉进入安徽省，一进安徽，在船舷左侧就可以看到安庆。秋瑾在这里下船，来找在武备学堂工作的徐锡麟，浙江起义迫在眉睫，二人要商议具体行动日程。

　　秋瑾一回到绍兴，立即用从湖南公公那里"筹措"到的三千元大洋购买枪支弹药等以准备武装起义。在秋瑾看来，夫妇之情和母子之爱都不足为惜，最重要的是要尽快发动武装起义，推翻清朝政府。

　　秋瑾又一次从诸暨经东阳，再过永康到达缙云壶镇。这里是学堂事务长吕熊祥的老家，吕家经营着一个杂货店，也是会党的联络处，这里的革命组织发展壮大，武装起义的时机已经成熟。数百名会党首领陆续来到绍兴，在体育会进行战斗训练。秋瑾给义乌的吴琳谦、金华的

徐买儿、武义的周华昌等未到绍兴的首领写信，催促他们参加武装起义。光复会会员裘文高已经在台州召集义勇兵，从位于诸暨和金华之间的东阳到绍兴府嵊县之间，在方圆七十公里范围内的二十八个地方发动武装起义，和清政府的官兵展开了战斗。

秋瑾反复致函上海的陈志群，向他说明出版《女报》的真正目的。

听了秋瑾的主张，陈志群逐渐明白了秋瑾工作的真实目的，从那以后他开始逐渐疏远秋瑾。《中国女报》历尽周折，终于出版发行了，这一切陈志群都是看在眼里的。这一过程得到陈志群的帮助，从他和秋瑾商议文章标题，还有要求事先选定秋瑾准备发表在《中国女报》

第三号的文章等活动来判断，陈志群应该对秋瑾的真正
目的是有所察觉的。

秋瑾还写信给上海的徐小淑，说即便是因为资金困
难《女报》很快就要停刊，但还是准备按照原计划出版
第三号，希望小淑把原稿寄到绍兴来。

秋瑾在绍兴率领大约九十名男生开始进行实弹射击
练习，自己也身穿紧身衣骑马往返于大街上。保守的士
绅们看不惯秋瑾的行为，他们斥责说："一个女教师跨马
在大街上到处游走，成何体统！"

绍兴全城人都听说秋瑾在训练场上，大声发令"前
进！射击！"学员们一齐举枪射击，枪声响彻天空。训练
期间，来自杭州弁目学堂的教师和即将毕业的学生们也
参加了野外训练，秋瑾热情欢迎并盛情款待他们。其中
一部分学生已经加入光复会。期间经平阳党竺绍康介绍，
"沙门"的首领大开也赴大通学堂登门拜访，秋瑾和他一
见如故，在大通学堂畅谈许久。大开是富有游击战经验
的指挥者，曾经领导过东阳玉山尖夏家庵等地方的起义。
同时，秋瑾还会见了浙江南部青田人蒋绿飞，他是体育
专修科毕业生，毕业后被派到浙江东南部一带负责组织
队伍。秋瑾还任命永康龙华会的吕阿荣担任光复会军事
专职主任，并陆续把一些会党首领派到部队担任部队长
或任命他们为各地武装起义的负责人。

　　住在杭州的浙江巡抚张曾敫得知以大通学堂为中心的绍兴情况，仔细思量后，感到绍兴局势不安定，立即派人搜查学堂。潜伏在巡院内的光复会内线及时通知秋瑾，秋瑾马上命令学校工作人员把秘密文件以及和教育无关的枪支等转移到其他地方，搜查人员仔细搜查了学校各个地方，没有找到可疑的东西，只好空手回去复命。但是，秋瑾已经明显感到官府开始注意学堂的动向，特别是浙江巡抚比绍兴府更加怀疑学校。张曾敫巡抚原本就对安庆的徐锡麟持怀疑态度，因此，更加严密监视徐

秋瑾经常骑马带领学生往返于街上

锡麟的老巢大通师范学堂和秋瑾的行动。

秋瑾从绍兴给上海的陈志群写信，对《中国女报》和《女子世界》两个刊物没能合作表示歉意，解释当初《中国女报》"财才两困"的窘境，担心如果停刊的话，恐怕要波及到《女子世界》，所以，请求把两个刊物合并在一起以便让其能继续存在下去。在信中，秋瑾还批评身边的人能力有限，感叹缺乏人才，这封信的原文如下：

近日志士类多口是心非，稍有风潮，非脱身事外，即变其立志，平时徒慕虚名，毫无实际，互相排挤，互相欺骗，损人以利己者，滔滔皆是；而同心同德，互相扶助，牺牲个人，为大义谋幸福者，则未之闻也。呜呼！吾族其何以兴？……实悲中国之无主人也。"忍言眼内无余子，大号江山少主人！"……

处于风雨飘摇中的清政府感到武装起义已迫在眉睫，革命党人也感到革命取得成功的可能性愈来愈大。在这种形势下，秋瑾周围一下子聚集了许多阿谀奉承的人，看到这种情况，秋瑾感到心中郁闷。在加入光复会的誓词中有这样一句话："功成身退。"每当革命目标变得越来越现实、成功的结果越来越清晰时，理想主义色彩也就会随之逐渐淡化，面对现实，秋瑾发出忧愤之声，在信的末尾，秋瑾写道："回首神州堪一恸，中华偌大竟无人！"

大义举事忘生死

秋瑾把光复军存在的意义和目的写成《光复军起义檄稿》，这篇文章高度概括了秋瑾的一贯主张。秋瑾在四处奔走召集会党首领时，不是依靠文章，而是依靠自己过人的口才，她的言词就像这篇檄文一样充满感召力。原文收集在《秋瑾集》里。在秋瑾被捕后不久，绍兴府在搜查大通师范学堂以及和畅堂时，发现了这篇没有标题的原稿，把它作为罪证公开发表。《光复军起义檄稿》的标题是经过讨论，后来加上的。文章比较短，言辞像诗一样简练。全文如下：

芸芸众生，孰不爱生？爱生之极，进而爱群。盖种族之不保，则个人随亡，此固大义瞭然，毋庸多赘者也。然试叩我同胞以"今为何时？"则莫不曰"种族存亡之枢纽"也。再进而

叩以"何以可以免此存亡之问题?"则又瞠然莫对;否即以"政治改革"为极端之进化矣。嗟夫!欧风美雨,咄咄逼人,推原祸始,是谁之咎?虽灭满奴之族,亦不足以蔽其辜矣!

大意是,个人的人生和国家安危联结在一起,民族兴亡关系到个人生死,但是,国家正站在民族兴亡的十字路口,但却无人能够回答应该怎样跨过。政府认为实行政治改革(革命)是激进的行为,要坚决镇压。欧美还有日本正在一步步侵略中国,即使满族王朝被灭绝,也无法抹去他的罪孽和带给中华民族的灾难。

夫汉族沉沦二百有余年,婢膝奴颜,胁肩他

为国家的生死存亡而四处奔走的秋瑾

人之宇下，有土地而自不知守，有财赋而自不知用，戴丑夷以为主，而自奴之。彼国傥来之物，初何爱于我辈？所何堪者，我父老子弟耳，生于斯，居于斯，聚族而安处，一旦者瓜分实见，彼即退处藩服之列，固犹胜始起游牧之族，奈何我父老子弟乃听之而不问也？年来防家贼之计算，着着进步，美其词曰"立宪"，而杀戮之报，不绝于书；大其题曰"集权"，而汉人失势，满族嚣张。

由于偶然的机会，满人来到中原，他们不热爱中国。问题是我们汉族没有气力，面对满人的为所欲为不敢发出一声抗议，反之，千方百计防备革命党，采取各种方法杀戮革命党人，以所谓的政治主张"立宪"欺瞒民众，粉饰自己。逐步把权力赋予汉族的做法只是形式，使中

秋瑾弹词《精卫石》手稿

国国力衰竭的元凶就是权力集中在满人手里。

　　呜呼！人非木石，孰不爱生而爱群？逼于不获已。则只能守一族之利益矣。彼既弃我种族置之不问之列，则返报之道，亦所当为，奈何我父老子弟见之不早也？

　　某等菲薄，不敢自居先知，然而当仁不让，固亦尝以此自励。今时势岌危，实确见其有不容己者，为是大举报复，先以雪我二百余年汉族奴隶之耻，后以启我二兆方里天府之新帝国。宗旨务光明而不涉于暧昧，行事务单简而不蹈于琐细。幸叨黄帝祖宗之灵，得以光复旧业，与众更始。所有遣派之兵马，晓谕如左。是我汉族，自当共表同情也。

　　檄稿的正文后，紧接着又对起义部队的统辖名称等作了说明。光复军的军官称谓采用近代陆军名称，如："总元帅""师团司令长"等。总元帅指的是部队长、师团司令长指的是中队长或小队长。部队分为北路、中路及南路三部分，各部队编制相同。

　　接着，秋瑾又接连写了《普告同胞檄稿》等宣传起义的文章，但大多数文章都没有机会公示于众。

英勇就义垂青史

绍兴府会稽县陶家堰出身的留日学生陶铸，字冶公，1906年加入同盟会，7月里的一天，遵照同盟会本部书记刘霖的指示，参加了研制炸弹的小组。小组由二十余名男女会员组成，学习制作炸弹的方法。秋瑾在东京时，曾在横滨参加了"三合会"，当时，李植生正在横滨研究制造炸弹，王时泽从李那里借到制造炸弹的笔记，把它全文抄录下来。同盟会创立初期，曾接受俄罗斯无政府主义组织的领导，在基层组织中成立了为暗杀活动制造枪支弹药的机构，李植生大概就是机构成员之一。

7月末，秋瑾给暂住在北京南半截同山吧会馆的徐锡麟去信，介绍吴芝瑛的丈夫户部郎中廉泉的情况，希望二人抽时间见面。8月初，接到徐锡麟回信，他认为：在当今这种紧迫的时期与那些和革命无关的人交往会消耗

大量时间，信中说："我辈所做之事，必须从速成就，迟则恐有阻碍也。"徐历来主张雷厉风行，他似乎对这一阶段的行动迟缓感到不满，好像特别希望总指挥官陶成章能够知道自己的感受。

这期间，秋瑾在上海向武术家蔡桂勤求教。在日本留学时，秋瑾曾经去过几次东京神乐坂的武术道场，由于发生日本政府颁布留学生取缔规则事件，不得不中断了训练。

同盟会成立后，一面大力宣传革命，一面积极组织武装起义。这时，光复会也积极开展活动，徐锡麟派浙江平阳党首领之一的王金发，到上海找秋瑾，请她到绍兴主持"大通师范学堂"，准备武装起义。秋瑾

接受邀请之后，于1907年初春正式接任大通学堂督办（校长），主持学堂各项事务。她对学生要求严格，训练认真，并且身体力行。每天清晨，激越的号声把学生从床上唤起时，秋瑾已身穿男子体操军装，怀藏勃朗宁手枪，腰佩倭刀，骑马立在操场上了。严格、认真的训练，使学生们很快克服了会党的散漫习气，掌握了简单的军事知识。在大通师范学堂，秋瑾任命从上海中国公学来的程毅担任教师，程毅是河南修武县人，在绍兴府保存的程毅自供书中本人自称是十九岁，这可能是虚岁，实际年龄应该是十八甚至只有十七岁。在秋宗章《大通学堂党案（事件）》中有这样的记录："程毅烈士……年龄当在二十五六之上。"这个说法应当是正确的。1906年10月，邸彬忻等在北京成立了"中国妇女会"，并制定了《中国妇女会章程》。在这期间，秋瑾忙于招募学生，聘用教师，并且在15日出版的《绍兴白话报》第一四五号附页上转载了《中国妇女会章程》等。这些工作似乎和武装起义没有直接关系，但在17日接到上海陈志群来信后，秋瑾在回信时暗示了即将发动起义的事。在信中，陈仍然强调不能来绍兴的理由，秋瑾则敦促他克服一切困难尽快来绍兴，说如果最近不能来，自己可能要离开绍兴，暗示将要发动起义。并且，请求陈在编辑《中国女报》第三号时，务必登出"大通师范学堂的教师在暑假后要发生变动"的暗示性预告，充分表明秋瑾发动起义的决心。信的末尾，附有秋瑾写的三首诗。这些诗收录在《女子世界》记者的笔记中。

秋瑾除了主持大通学堂工作之外，还经常四处奔走，联络会党同志，积极准备武装起义。为了掩护革命工作，并刺探绍兴清政府的内部情况，秋瑾一开始就用心同绍兴知府贵福等人拉关系。她通过贵福幕僚中一位姓徐的亲戚，结识了贵福。在大通学堂开学典礼时，她请贵福和山阴、会稽两县知县到会致颂词。贵福还把秋瑾别号"竞雄"二字拆开，凑成一副"竞争世界，雄冠全球"的对联赠送秋瑾。因此，尽管劣绅们痛恨大通学堂和秋瑾，

但也不敢公开反对和攻击。

秋瑾除了联络各地会党之外，还对浙江的武备学堂、弁目学堂进行工作。这两个学堂都是清政府培养中下级军官的学校，学员毕业后都在"新军"中任职。秋瑾在这里发展了一批光复会或同盟会成员，壮大了革命力量。

1907年3月，秋瑾把所联络的会党统一编组，由徐锡麟任首领，秋瑾担任"协领"，各会党首领担任"分统"，以下设有参谋、部长、副部长等。各级头领都有金戒指为记号，戒指中嵌有职衔或英文字母A、B、C等。4月，秋瑾和徐锡麟主持在杭州的白云庵召开了浙江各会党和军学界首领的秘密会议。他们把光复会与会党组编成八个军，用"光复汉族，大振国权"八个字作为每一军的编号，总称"光复军"。同时制定了具体的起义计划。起义时间原定4月，但因筹备不及，又推迟到7月6日。

就在皖浙两省同时起义之前，几处光复军遭到了破坏：6月中旬，嵊县的裘文高没和平阳党首领竺绍康商量，突然起义而失败。接着，武义县龙华会的聂李唐，泄漏了起义消息，被知县逮捕。不久，金华光复军统领徐顺达，也因泄露机密被害。其他几地的光复军，又因混入奸细而遭到很大破坏。因此，起义时间只好推迟到7月19日。

在安徽任巡警学堂会办（副校长）的徐锡麟，原定7月8日在巡警学堂举行毕业典礼之际举行起义。但是安徽巡抚恩铭命令他提早举行典礼。徐锡麟考虑到：如果提前起义则缺乏后援；如不提前，自己的身份已有暴露的危险（因有叛徒告密）。因此，他只好提前在6日举行起义。7月6日这天上午8时许，毕业典礼开始不久，徐锡麟即发出信号，陈伯平迅速向恩铭掷去一颗炸弹，炸弹没有爆炸。徐锡麟立即从靴筒里抽出两支手枪，朝恩铭开枪，恩铭中弹倒地，后来伤重而死。徐锡麟率领一百多名学员冲出学堂大门，奔向安庆军械所夺取武器。经过四小时激战，终因寡不敌众而起义失败，陈伯平牺牲，徐锡麟被捕，不久惨遭杀害。

这接二连三的事件，引起清政府的密切注意。就在这时，曾被秋瑾在日本当面斥为"死人"的胡道南，向绍兴知府贵福密告了秋瑾等谋于农历七月十九日起义的情报。贵福立即向浙江巡抚张曾敭报告这个情况。张曾敭一面命贵福侦察大通学堂；一面通知杭州新军前去镇压。这消息被武备学堂里的同志探知，马上派人报告了秋瑾等人。当时有些人劝秋瑾暂时离开绍兴，但是她毅然拒绝了同志们的好意。她说："我怕死就不会出来革命，革命要流血才会成功。如满奴能将我绑赴断头台，革命至少可以提早五年。"她立即率领学生隐藏枪支弹药，烧毁了一些秘密文件，以避免重大损失。正在这时，王金发突然来到大通学堂。他来此的主要目的是劝说秋瑾暂时离开绍兴，以保存实力，等待日后东山再起。可

是秋瑾已抱定献身的决心，镇静地说："我不入地狱，谁入地狱？"然后把浙江各地同志的名册交给王金发，催促他快走。王金发见劝说无效，只好含泪告别，临走时把自己的手枪留给了秋瑾。

7月13日这天下午，绍兴知府贵福和山阴知县李钟岳、会稽知县李瑞年，带领三百多清兵，包围了大通学堂。这时学校里只剩下三十几名学员和秋瑾等几名教员。最后有人努力劝说秋瑾从学堂后门逃走，秋瑾坚决拒绝了。她命令其他人赶紧离开，于是有人从前门冲出，有人从后门逃走，最后只剩下十多个人。不一会儿，清兵把学堂围得水泄不通。清兵从前门进攻，枪声大作，终因寡不敌众，秋瑾等十余人被捕了。

秋瑾被押到绍兴知府衙门后，当天晚上就在大堂上受到严刑拷打。秋瑾临危不惧，不论贵福怎样凶神恶煞般地逼供，她坚决不吐露革命的实情。贵福问道："你认识徐锡麟吗？"秋瑾回答说："曾经相识。"愚蠢的贵福以为打开了缺口，便进一步追问："那么，还有谁是你的同党？"秋瑾即转守为攻道："你也常到大通，并赠我'竞争世界，雄冠全球'对联，你还和大通师生一起拍过照。你不是同党么？"贵福被弄得目瞪口呆，只好退堂。第二天上午，贵福令山阴知县李钟岳继续审讯。李钟岳没有用刑，只是拿了纸笔，让秋瑾自写口供。秋瑾提笔在手，

想到革命尚未成功，而同志已惨遭杀戮，悲愤交加，于是写下了"秋风秋雨愁煞人"七个字，就掷笔在地，然后大声说："革命的事，不必多问，要杀要剐随便吧！"贵福见李钟岳不肯用刑，便另派爪牙用酷刑逼供。不论敌人如何用刑，秋瑾以无比坚强的毅力忍受着肉体的剧痛，始终"坚不吐实"。

在用尽各种方法都不能迫使秋瑾屈服之后，贵福决定尽快杀害秋瑾。贵福编造了所谓秋瑾口供，然后请示上司将秋瑾正法。他们已听说嵊县的竺绍康将要集合人马进攻绍兴营救秋瑾，十分害怕。所以，张曾敭立即批准了贵福的请示。

1907年7月15日（农历6月初6）凌晨，监狱门外响

起了一阵急促的敲门声，随着灯笼火把拥进一群荷枪实弹的清兵，管牢的禁婆打开了秋瑾的牢房门。秋瑾见状，马上意识到自己就要与生命永别了。她愤怒而沉着地喝道："叫李钟岳来，我有话说。"知县李钟岳进来，问她："你有什么话说？"秋瑾说："革命党人不怕死，不过我有三个要求：一、让我写信与家人、亲友告别；二、临刑时不许脱我的衣服；三、死后不许将我枭首示众。"李钟岳答应了她后两点要求。秋瑾不再坚持。她穿着白色布衫，黑纱裤，拖着沉重的铁镣，昂首挺胸，走向了设在轩亭口的刑场……

秋瑾，这位为民族解放和妇女解放而英勇斗争的战士，怀着对革命未成、壮志未酬的遗恨，结束了短暂而光辉的一生。就义时，她年仅三十二岁。

秋瑾就义后，引起整个社会舆论的深切同情，人们强烈谴责清政府的倒行逆施。当时上海《中外日报记者》《时报》《文汇报》等纷纷就秋瑾一案向清政府提出责难。留学日本和欧洲的一些学生团体，纷纷发表通电，强烈谴责清政府的罪行。贵福和张曾敭两人受到浙江人民的强烈痛恨，无法继续在浙江待下去。当年冬，清政府就把贵福调任安徽宁国府知府，因遭到安徽人民的强烈反对，而不能上任。清政府把张曾敭调任山西巡抚，同样也被山西人民坚决反对。为了给秋瑾复仇，浙江各

地的光复军和会党纷纷起义,越发使清政府惶恐不安。

秋瑾死后,她的遗体先由善堂草草成殓,葬于卧龙山下。后又移枢于严家潭殡舍暂时停放。因秋瑾生前曾与好友徐自华有过埋骨西湖之约,所以在1908年1月,徐自华与吴芝瑛商量,并得到吴芝瑛的资助,将秋瑾的灵枢移到杭州西湖边的西泠桥旁安葬。不久,由于清政府的干涉,秋瑾的坟墓又被从西湖边移走。几经风波,直到清朝统治被推翻,秋瑾的遗骨才再次由她生前好友迁回杭州西湖,修建了新墓。在原墓地点改建了一个纪念亭,取秋瑾被捕后所写"秋风秋雨愁煞人"之意,命名为"风雨亭"。1981年9月,杭州市人民政府在秋墓原址近旁,重建了秋瑾墓,并

树立了秋瑾全身雕像。

伟大的文学家鲁迅先生在自己的著作中，不止一次地歌颂、赞美这位中国近代史上的女英雄。他的小说《药》中塑造的革命者夏瑜，就是在隐喻秋瑾。

郭沫若在1942年写了《娜拉的答案》一文纪念秋瑾。1958年郭沫若在《秋瑾史》序中又说："……秋瑾不仅为民族解放运动，并为妇女解放运动，树立了一个先驱者的典型。"

吴玉章在《辛亥革命》中也称赞秋瑾"是中国近代史上一位伟大的女英雄，为民族解放和妇女解放事业献出生命，成为旧民主主义革命时期中国革命妇女的楷模。"

中华人民共和国成立后，在秋瑾的和畅堂故居，修建了一个"秋瑾纪念室"，在杭州西湖重建了"风雨亭"，出版了许多纪念秋瑾的书刊。秋瑾留下的诗文，已成为我们民族文化宝库中的珍贵遗产，教育、鼓舞着后人。

我国杰出的革命英雄、近代妇女解放斗争的坚强战士、女文学家秋瑾虽然牺牲了，可是，如果她在天有灵，看到今天扬眉吐气的中华民族、繁荣昌盛的祖国，也该含笑于九泉之下了。